文春文庫

ツチヤ教授の哲学ゼミ

もしもソクラテスに口説かれたら

土屋賢二

文藝春秋

はじめに

もし「わたしはあなたの顔も性格も嫌いですが、あなた自身を愛しています」と言われたら、あなたはうれしいだろうか。うれしくないなら、なぜだろうか。

この挑戦的な口説《くど》き文句は、いまから二千五百年前にソクラテスが考えたものである。この中に含まれている哲学的問題を検討し、ソクラテスの言い分が正しいかどうかを判断するのは、ふつうの人が思うほど簡単ではない。それを考えるのが本書の課題である。

本書は、この問題について実際に行ったゼミナール（略してゼミ）を基《もと》にしている。ゼミというのは、講義とは違って、自由に発言できる議論中心の授業である。このゼミの参加者は大学一年生ばかり約二十名で、まだ哲学を専攻するかどうかも決まっておらず、哲学の予備知識は一切もっていない。入学直後の四月から半年間、哲学史上のテキストをいくつか読んで議論するゼミである。本書はその最初の二日間の記録である。

ゼミを基にした理由は、哲学の問題を考え、議論するときの実際の様子が哲学を知る上できわめて重要だと思ったからである。議論は哲学の生命である。哲学はソクラテス以来、議論の応酬の中で育ってきた。そういう実際のやりとり、議論の応酬がなければ、哲学の活力は失われてしまう。ソクラテスの対話を描いたプラトンの対話篇の魅力の一つは、その臨場感にある。

実際のゼミは、計画通りに秩序だった論述をするのとは違う。ゼミでは、予想外の質問が出て困ったり、色んな角度から説明しても学生に伝わらなかったり、理屈が複雑になりすぎたことに気づいて例を挙げて分かりやすくしたつもりが、かえって分かりにくい例になったり、といった予想外のことが起きる。そういう一度かぎりのやりとりは、創作しようと思って創作できるものではない。わたしが四苦八苦する様子だけでなく、哲学の議論をするときの実際の様子が少しでも伝わることを願ってゼミの形を保存した。

本書の基になったゼミで使ったテキストは、プラトンの『アルキビアデス』という対話篇の和訳からの抜粋で、わずか数ページの分量である。学生たちには、このテキストを読んでゼミに臨んでもらった。

このテキストを選んだのは、もしもソクラテスのような言い方で口説かれたらどうするかという、学生が自分の問題として考えやすいテーマになっているからである。しかも、ソクラテスの主張は尋常ではなく、真っ向から常識に挑戦するような論理をつきつけるものである上に、正しそうに見える主張だから、誠実に考えていけば、自分の常識とソクラテスの主張の間で板挟みになるはずである。

この意味で、哲学的にものを考える経験をするには好都合なテキストである。学生たちがソクラテスの主張にどう対応すればいいかを考えているうちに、問題の大きな広がりに気づいてくれることを願っていたが、さいわい、議論の細部に至るまで理解したかどうかはともかくとして、学生たちは問題の広がりには気づいてくれたと思う。

本書では、実際になされた議論をできるだけ保存しようとしたが、多くの点で手を入れなくてはならなかった。繰り返しの部分、冗長な部分は整理した。また、実際の授業ではしばしば横道にそれるものだが、これも省略した。それに、わたしの説明で分かりにくいところは補足修正した。

学生の発言はさまざまだが、どれ一つとして「幼稚《ようち》な」発言はない。どの発言も口からデマカセでないのだから、何らかのもっともな理由に基づいている。学生が、「たんにそういう気がする」というだけでも、考慮しなくてはならない事柄だとわたしは思っている。だから、どの発言もわたしには重みがあるし、真剣に検討すべきものである。

本書を理解するのに、哲学の予備知識は一切不要である。わたしたちがふだん当たり前だと思っていることから、どうやって哲学の問題が出てくるのか、その問題を理づめで考えていくとどうなるか、それを身をもって知っていただくことが本書の目的である。もしも、理屈の世界は深く広く面白いものだということが少しでも分かっていただければ幸いである。

ツチヤ教授の哲学ゼミ

もしもソクラテスに口説かれたら

目次

第2日　ソクラテスのどこが間違っているか

使ったテキストを次に示す。

ソクラテス　例えば私は思うんだがね、靴つくりは円い形の道具や四角い形の道具、その他の道具を使って、皮を切る。
アルキビアデス　そうです。
ソクラテス　では、道具を使って切る者と切る時に使う道具とは別のものだね。
アルキビアデス　もちろんです。
ソクラテス　では同様、竪琴弾き《たてごとひ》きが歌の調べをかなでる時に使うものと竪琴弾き自身とは、いったい別物だろうか。
アルキビアデス　別のものです。

（中略）

ソクラテス　じゃあ、靴つくりについては、どう言ったらいいだろう、道具だけで切るのだろうか、それとも手で切ると言うべきだろうか。
アルキビアデス　手でもです。
ソクラテス　では靴つくりは手も使うのだね。
アルキビアデス　そうです。
ソクラテス　靴つくりは、いったいまた眼も使って、靴をつくるのだろうか。
アルキビアデス　そうです。
ソクラテス　そしてわれわれは使う者と、使う者が使うものとは別物だと承認するね。
アルキビアデス　承認します。
ソクラテス　それでは、靴つくりや竪琴弾きは、彼等が仕事の時に使う手や眼とは別物だということになるのだがね。
アルキビアデス　明らかにそうです。
ソクラテス　では、人間はまた身体《からだ》全体をも使うのではないのかね。
アルキビアデス　そうですとも。

ソクラテス　そして使う者と、使う者が使うものとは別物だったね。
アルキビアデス　そうです。
ソクラテス　それじゃあ人間は自分自身の身体とは別物だということになるのかね。
アルキビアデス　そのようです。
ソクラテス　では人間とはそもそも何であるのか。
アルキビアデス　私には言えません。
ソクラテス　とんでもない、少なくとも身体を使う者だ、とは言えるんだよ、君には。
アルキビアデス　そのとおりです。
ソクラテス　それでは、まさに魂こそ身体を使う者ではないのかね、どうなんだ、君。
アルキビアデス　まさにそうです。
ソクラテス　そしてまた、それは支配者でもないのかね。
アルキビアデス　支配者です。

（中略）

ソクラテス　だから君、誰かがアルキビアデスの身体を恋い慕ったからといって、アルキビアデスを恋しているのではなくて、アルキビアデスの所有している何かを恋していることになるんだ。

アルキビアデス　そのとおりです。

ソクラテス　君を恋する者は誰にしろむしろ君の魂を恋する者だね。

（中略）

ソクラテス　……クレイニアスの子アルキビアデスを恋する者は誰もいなかったし、そして今もいない。どうもそうらしい。ただたった一人はいる、例外だね、その人は。その一人の人で君は満足しなくちゃいけない。つまりソプロニスコスとパイナレテーとの子ソクラテスでね。

（プラトン『アルキビアデス篇一』129c7–131e4、田中享英訳）

このテキストには別の解釈もありうるが、議論を簡単にするために、学生にはわたしの解釈で理解してもらった。わたしの解釈では、ソクラテスは次のような論理でアルキビアデスを口説いている。

(1) 人間が道具を使う場合を考えれば分かるように、使われるものと使うものは別々のものである。
(2) 人間は身体を使う。だから人間と身体は別々のものである。
(3) 身体を使うのは魂であるとも言える。
(4) 人間も魂も「身体を使うところのもの」だから、人間は魂と同じである。
(5) ゆえに、人を本当に愛する者は、その人の身体でなく魂を愛するはずである。
(6) ほかの男はあなたの身体を愛しているが、わたしだけはあなたの魂を愛している。
(7) だから、あなた自身を愛しているのはわたしだけだ。

第1日

ソクラテスの論法

ソクラテスの口説き方は効果があるか？

ソクラテスの議論を読んで、どう思いました？　こういう口説き方をされたら、説得されますか？

ソクラテスの議論は分かりましたか？　ソクラテスはこう言うんですね。「君は身体を使う。使うものと使われるものは別々のものだ。だから、君は身体とは別のものだ。ところで身体を使うものは魂だとも言える。君も魂も、身体を使うところのものだから、君と魂は同じものだ。だから、君を愛する者は君の魂を愛する者だ。君の身体やルックスを愛する者は、君を愛しているのではなく、ちょうど君の服や鞄《かばん》を愛しているのと同じで、君の付属物を愛しているにすぎない」と。こう言われたらどう思いますか？

学生1――最後の「わたしだけが君を恋してるんだ」って言う理由がよく分からない。

アルキビアデスは、絶世のというか、有名な美青年だったらしいんですね。それで男が、とくに中年男が、アルキビアデスに群《むら》がってたんです。当時のギリシアではそれが当たり前になっていて、プラトンの本に出てくる愛とか恋とかって、中年男が美青年にいだく愛なんです。それが当時のギリシアの習慣になってました。そこのところがピンとこないよね。

でもそこのところは無視して、自分がソクラテスにこう言って口説かれていると考えてくださいね。で、ソクラテスはこう言うんです。ほかの男はみんな、君の顔かたち、ルックスに惹《ひ》かれているけれども、ぼくはルックスや身体になんか惹かれていないんだ、君の魂に惹かれてるんだと。アルキビアデスに言い寄る男は多いけど、そういう連中と自分を比べてくれと言ってるわけだよね。

学生1――それは分かるんですけど。でもそれがソクラテスだけだっていうことがどうして言えるのかがひっかかる。ほかにもいるかもしれないし。

ああ、そうか。ソクラテスが「君の魂を愛しているのはぼく一人だ」と言うんだけど、ほかにも魂を愛している男がいるかもしれないじゃないか、っていうことだよね。たしかにそれは言えますね。

ほかにもソクラテスみたいな男がいたら、またその間で競争になるよね。ただ、ソクラテスとしては、同じことを言う男がほかに何人いても、とにかくアルキビアデスが「わたしを愛していると言えるのは、わたしの身体を愛する人ではない。ソクラテスのように、わたしの魂を愛してくれる人なんだ」と考えてくれれば、たぶんそれでもいいんです。それでも、ライバルがかなり減るしね。

それにだいたい、ふつうは口説くとき、「君は美しい」とか「君の瞳がどうのこうの」とか言うでしょう？　でも、ソクラテスはそういうルックスをホメたたえるようなことは一切言わないんだよね。むしろ「君の瞳がどうなっていようと、瞳なんてもっていなかったとしても、ぼくは君が好きだ」っていうふうに言うわけだよね。そんなふうな口説き方をする男ってあまりいないでしょう？

もっと言うと、「ほかの男と違って、ぼくは君の顔かたちはどっちでもいいんだ。君の財産がどっちでもいいのと同じで、君がどんな顔かたちをしていても、全然かまわないんだ。実際に顔かたちなんて見なくてもいいんだ。だから、いつもついたて越しに話してもいいんだ。場合によっては声も変えてね。メールだけのつきあいでも本当にいいんだ」って言ってることになるんだからね。こんな男はまずいないでしょう？

もしかしたら本当のところは、ソクラテスはアルキビアデスなんて別に好きじゃないのかもしれないんですね。ただたんに遊びでこういう口説き方をしているだけかもしれないんです。こういう口説き方をしたら君はどう思うかと言って、アルキビアデスに哲学的に考えさせようとしているのかもしれない。その可能性は高いと思うんだけどね。

それで、かりにこういうソクラテスみたいな男がいたとするよね。ソクラテス以外にいてもいいんだけど、そういうふうに言われたらどうですか？　そう言われたら心が動きますか？

学生1――ソクラテスは本当に外見にこだわらなかったんですか？

あぁ、それを疑ってるわけね。実際にどうだったかは分からないんだけど、アルキビアデスは美青年だったから、ルックスにこだわっていたかもしれないですね。でもかりに外見にこだわらない人だとしたらどう思う？

外見にこだわらない人なんてありえないと思うかもしれないけどね。でも昨日、テレビを見てたらね、実話らしいんだけど、アメリカに悪い女がいて、結婚しては夫と子どもを殺して保険金を取ってたんですね。その女は保険金を取ると、名前を変えて知らない土地に行っては、男をひっかけて結婚して、夫に多額の生命保険をかけて食べ物に砒《ひ》素《そ》を入れて殺すことを繰り返していたんです。その女は美人だから男にモテるんだけど、何度目かに結婚した男がその女に「ぼくが君を好きなのは、美人だからじゃないんだ。たとえ君が歳をとって容姿《ようし》が衰えても、ぼくの愛情は変わらない」と言ったんです。そしたらその女は砒素を飲ませようとしていたんだけども、そのことばに感銘を受けて、その男を殺せなくなっちゃって、男を愛するようになったというんです。結局その女は警察に捕まるんだけども、男は刑務所にもずっと面会に行って、「ぼくはまだ愛してる」って言ってるんだよね。この女が殺人を繰り返してきたことが分かっても、それでも「愛してる」って言い続けたんですね。だから、そういう男もいるんです。非常にまれなケースかもしれないけれども、いることはいるんだよね。

もちろん、その男は「ぼくは君のルックスが好きなわけじゃない」と言ってるんだけども、たとえば女がこのテーブルみたいな顔をしていたら好きだと思ってたかどうかは疑わしいような気もするけどね。

でも、この男みたいな愛し方をする可能性はないことはないよね。だからよく言うでしょう？「ぼくは君の性格が好きだ」とか「君のその気持ちが好きなんだ」とか、口には出さなくても「君の財産が好きなんだ」とか、そういうことがあるでしょう？顔に惹かれることがあるんだから、性格に惹かれてもおかしくないし、財産や家柄や内面に惹かれることがあってもおかしくはないよね。

アルキビアデス
(BC450-BC404)

学生2――別にそう言われてもかまわないですけど、それでソクラテスを好きになるかどうかはまた別です。

実際にその男を好きになるかどうかは分からないかもしれないね。でも少なくとも、そういう男は自分のことを本当に愛してくれてると思う？

学生2――口ばっかりうまい人っていうのも世の中にいるから……。

男がウソをついていると思ったら、どんなことを言われてもたしかに効果はないよね。でも、これは本当のことだとしてください。色んな機会に、わたしのルックス目当てじゃないな、ということが分かったとするんです。それならどう思う？　その男が信頼できて本当のことを言っていることが分かったとしたらどう？

学生2――そしたら信じると思う。

本当？　その人のことば通り、本当に愛されているんだなと思いますか？　でも極端な話、「君が交通事故に遭《あ》おうが、病気になろうが、全然ぼくはかまわないんだよ。君は君の身体とは別物なんだから、身体がどうなろうと、それは君のハンドバッグがどうなるかという程度の意味しかない。君の身体が傷ついても病気になっても、ぼくはどっちでもいいんだ。ただ、そのことが君にとって苦痛だとしたら、苦痛というのは心の中のことだから、その部分だけは気になって、苦痛は取り除いてあげたいなと思うけれども、顔かたちがどうなろうと、病気になろうと、ぼくにとってはどっちでもいいんだ」って言ったらどうですか？

学生2――そんなこと言われたら、愛されているって気がしないです。だれだってそう思いますよ。

そうか、そうだろうね。じゃあ、そこまで言わなくても、「君の身体は問題じゃないんだ。歳をとっても醜《みにく》くなってもぼくの愛は変わらない。君の付属物じゃなくて君自身を愛しているんだから」と言ったらどう？

学生1――最近ではそういう言い方がありふれすぎてて。

えっ、そうなの？

学生1――そうじゃないですか？　これは紋《もん》切り型になっちゃってると思うんですよ。
そうなの？　でも、紋切り型になるってことは、ある程度こういう口説き文句が効果あるってことだよね。効果がないと紋切り型にはならないからね。
学生1――たぶん、効果があったと思うんですけど、それが紋切り型になっちゃった今では、あんまり効果はないんじゃないかな。
あんまりないの？　まあ、紋切り型かどうかっていうのは、ほかの人がやってるかどうかっていう問題ですよね。実際、君のルックスじゃなくて、君の魂というか、君の心を愛する人は、ソクラテスだけじゃないかもしれないね。でも、紋切り型になるほど多くの男がそう言っているとしてもいいんだけど、そういうことを言う男たちに心を動かされますか？
学生1――ルックスだけを愛する男よりは、ルックスプラス性格を愛してくれる男の方を選びますけど、それが複数いる場合っていうのは……ちょっと考えないと……。

いま「性格」と言ったよね。じゃあ、「君の性格が好きだ」って言う人と、「君そのものが好きなんだ」って言う人がいたら、どっちを選ぶ？　性格が好きだって言う人は、もしも性格が変わったら、好きにならなくなるはずだよね。でも、「君そのものが好きだ」という男は、「君の性格が変わってもぼくは好きなんだ」と言うだろうね。

学生1――でもそう言われたら、わたしの何を好きなのかよく分からない。

分からない？　君は、だれかを好きになるためには、「どこが好きだ」と言えなきゃいけないと思ってる？　何らかの特定の性質を好きにならなければいけないと思ってるんだね。

学生1――いや、別にそういう気はないんですけど。

じゃあ、ソクラテスみたいな男が、「ぼくは君の特定の性質を愛しているのではない。それがルックスであれ性格であれ、そういうものが好きなのではない。その性質をもっている君そのものが好きなんだ」と言うとするよね。そういうことはあると思う？　ないと思うの？

学生1――ないとは言えないかもしれないけど……。

そしたら別に、ぼくは君の性格じゃなくて、君そのものが好きなんだって言う男がいてもおかしくないよね。

学生1――でも、性格でもルックスでもなくてわたしそのものを愛するって、ちょっと考えにくいんじゃないかな。

そうかなぁ。たとえばね、君の親はたぶん君のことを愛してると思うんです。自分の子どもに保険をかけて殺す親もいるから、たしかなことは言えないけど。でもたいていの親と同じように、君の親が君を愛しているとするよね。そしたら親は君のことを、ルックスがいいからとか、性格がいいからとか、そういう理由で愛しているのではないと思えるでしょう？　君の外見や性格がどんなことになろうとたぶん親はずっと愛し続けるんだから。君が犯罪を犯しても、寝たきりになっても愛情は変わらないんだよ。親だったら、たとえ君の見た目がガマガエルそっくりだとしても、ガマガエルと見た目が区別できないとしても、それから、君が交通事故かなんかで知能が普通の人間じゃなくてカエル並みになったとしても、それでも嫌いになるということはないと思うんですね。そうじゃない親もいるかもしれないけどね。
たいていの親は、子どものルックスとか性格とか知能とか、そういうものに関係なく愛しているわけですね。だから、そういう愛情もありえるんじゃないかな。そうしてみると、人を好きになるためには、外見とか性格とか才能とか、何か特定の性質を気に入らなければいけないってことはないことになるでしょう？　そういうものとは無関係な愛し方もあるんだから。そう考えると、「ここが好きだ」と特定できないような愛し方というか、特定の性質に関係なく愛するということはありうるでしょう？
もしそうなら、男が君にそういう気持ちを抱くことだってありうるよね。

学生1――でも想像しにくいです。親なら血のつながりがあるけど、男はそうじゃないでしょう？　何の理由もないんだから。

じゃあこう言ったらどう？　君が犬やネコが好きだったら分かると思うけど、たとえば犬が好きだとするよね。犬が好きな人って、その犬が子犬のころとまったく姿形が変わっても、病気になってもかわいがるんですね。犬が寝たきりになっても死ぬまで看病したりするんです。犬が寝たきりになって、ボケて夜中に吠えたり、変な行動をするようになっても、見捨てたりしないんだよ。そういう人は、その犬のルックスを愛してるんじゃないし、お手やお座りみたいな芸をするからという理由で愛してるんじゃないでしょう？　もちろん、血がつながっているから愛するわけじゃないよね。

だから君のことを犬を愛するのと同じ気持ちで愛する男がいたとするんだよね。そう言うとイヤかもしれないけどね、でも犬を愛するのと同じ気持ちで愛するっていうのは、簡単じゃないよ。

それでたとえば、ソクラテスみたいな男が……ソクラテスみたいな男っていうのは、実際のソクラテスの顔は、まあなんていうか、とてもイケメンとは言えなくて、ガッツ石松みたいな顔をしていたんだけど、そういうガッツ石松みたいな人がね、君に、「君のルックスなんかは全然問題じゃない。むしろルックスは嫌いだ。本当は見たくもないくらいなんだけれども、君そのものを愛してるんだ。性格なんかもどっちでもいいんだ」と言ったら、どう思いますか？

学生1――「わたしそのもの」っていうのがやっぱりよく分からないんですけど。

だからね、「君の親が君のことを愛しているのと同じように、ぼくも君のルックスがどうなろうと、性格がどうなろうと、そんなことに関係なく愛してるんだ」と男が言うとするんだよ。そういう愛し方なんだよ。

学生1――それって、人に説明できるような理由がなくて、どういうきっかけで好きになるのか、そこが分からない。

きっかけは何か分からないね。アルキビアデスがカエルみたいな外見だったとするでしょう？　すごくカエルが好きだったから、それがきっかけでアルキビアデスが好きになったのかもしれないしね。色々ありうると思うんだけど、きっかけは何でもいいんじゃないかな。

たとえば、きっかけは美人だなと思ったということだったとするよね。でもつき合っているうちに、「考えてみたら、ぼくがこの人

ソクラテス
(BC469-BC399)

を好きなのは美人だからじゃないな」ということに気づいたということがありうるんじゃないかな。実際に、さっき話したテレビで見た男は、初めは女のルックスも性格もいいと思ってたと思うんです。少なくとも、まさか殺人をするような女だとは思っていなかっただろうし、自分を殺そうとしているとも思ってなかったと思うんですね。その男はルックスや思い込みがきっかけで愛するようになったんだけど、後になって女が自分を殺そうとしてたんだということが分かるんですね。それが分かってもなお愛し続けるんだから、自分が思っていたより性格がはるかに悪かったとしても、愛するっていうことがありうるんだよね。

学生1——でも、そういうことがありえるんですか?

じゃあ昨日のテレビはウソだって言うの? ま、テレビもアテにならないからね。ぼくの記憶もアテにならないし、二重に信用できないよね。

でも親が君を愛するときもそうですよね。君が自分の子だからということがきっかけで、君のことをルックスとか性格とか知能とかに関係なく愛しているわけです。それで、最近になって君が本当の子ではなかったということが判明したとしますね。病院で取り違えられたとかで、本当は自分の子どもじゃないことが分かったとかして。そういう例がたしかあったよね。それでも、親の愛がなくなるわけじゃないでしょう？　たぶん、同じように愛は続くと思うんですね。子どもの方も、「実の親より育ての親」とか言うように、最初は親だという思い込みがきっかけでも、育ててくれた親に愛情を抱くよね。だから、きっかけが何であっても、ルックスや性格に関係なく愛するってことがありうるでしょう？

分かりましたか？　ソクラテスに戻りますね。ソクラテスみたいな人が、かりに君にそういうふうに言ってきたとしたらどうですか？

学生1――ソクラテスみたいにですか？

うん。ソクラテスがこう言うんです。君は自分の手や足を使うだろう？　それから、胃を使って消化するだろう？　だから、君は手でもない、足でもない、胃でもない、胴体でもない。君は身体を使う。だから君と君の身体は違う。君はそういう付属物とは違う。ところで、ぼくは君の身体には興味がない。君自身に興味があるんだ。ほかの男はみんな身体目当てだけど、ぼくは違う。どっちの男を君は選ぶのか。そういう口説き方をしているわけですよね。そう言われたら心は動きますか？

こういうふうな仕方で説得されたら、説得力はあるんじゃないの？　これで説得されないんだったら、なぜ説得されないと思う？

学生1——たぶん、どんな口説き文句を言われても、好きじゃない人に言われたら、何とも思わないかな。

ほんと？　じゃあ、男が何と言っても、好きになるかどうかには関係ないの？　でも、男のこの一言でコロッときたとか、男がこんなこと言ったから愛が急に冷めたとか、そういうことがあるんじゃないの？　こいつはこんなことを考えている男だったのかと思って、愛が冷めるっていうことがあるでしょう？　それなら、男が何を言おうと、好きになるかどうかには関係ないとは言えないんじゃないかな。テレビに出ていた男の場合も、「君のルックスがどうなっても愛している」と言うのを女が聞いて、毒を入れるのをやめたんだから、その一言が男の命を救ったんです。やっぱり、男が何を言うか、どういうことばを使うかっていうことも判断材料になるんじゃないの？

学生１――それでも、何て言われるかだけじゃなく、いつ言われるのかとか、タイミングや状況によっても違うと思うんですけど。

ソクラテスがお台場かなんかで、夜景を見ながら、魅力的な低い声でこういうことを言ったとするんだよ。

学生１――そのときに、自分がほかに好きな人がいるかとか、そういうことは考えなくてもいいんですか？

いてもかまわないよ。それで、かりに、その好きな男は君のルックスが好きだっていうことが明らかだとするんだよね。それに対して、ソクラテスの方はルックスに関心がないんだよ。

学生１――わたしはやっぱり、あんまりピンとこないですね。

どうして？　こういうことを言っても効果はないのかな。まあ、そう言ってくる男を好きになるかどうかは別問題かもしれないね。

それとも、ソクラテスの言っていることが間違ってると思うからなの？　このソクラテスの説得の仕方が、どこか間違ってると思う？　少なくとも、「この男はわたし自身を愛している」とは思うでしょう？

学生1――そうですね～。

ソクラテスの理屈に納得したら、本当にわたしのことを愛してくれているのはこの人なんだと思って、グラッときてもいいと思うんだけどね。まあ、その男を好きにならなくてもいいや。この男はほかの男と違って、わたしのことを本当に愛しているんだなと思えますか？

学生1――いや～。

そうは思わない？　どうして？

学生1――ソクラテスが説明するときに靴つくりとか出してきて、ダマされたような気がする。

そうか、ダマされてるような気がするんだね？　ダマされてるとしたら、どこらへんだと思う？

学生1――靴の例を出してきて、使うものと使われるものが違うって言われて、いきなり、では人間とはそもそも何であるのかって……突飛《とっぴ》じゃないですか。

どこが突飛なの？

学生1――うまく言えないけど、何か納得できない。

えーとね、ソクラテスが言いたいのは、ぼくは君とは別のものを好きになっているわけではない。ほかの男は君の身体を愛しているけど、それは、君の貯金を愛したり、君のもってる服を愛したりするのと変わりがない。そういう男は君自身とは別のものを愛してるような男なんだと。でも、ぼくは違う。君自身を愛してるんだと。こういうことを言われたら、説得力あるんじゃないの？　君の貯金を愛された方がうれしいの？

学生1――それはもちろんうれしくないですけど、愛するっていうのがよく分からないのかな。愛するって、何ですか?

ぼくも分からないんだよ。女はよく「愛しているならハンドバッグ買って」とか「誕生日を忘れるなんて愛してないのね」とか言うでしょう? そういうことを見聞きするたびに、愛って何だろうと思うんですね。そういうことを言うのはだいたい女でしょう? それだったら、女の方が愛とは何かを知っているんじゃないかなぁ。ぼくなんかは誕生日を忘れたかどうかなんて愛と関係ないように思ってしまうから、愛が分かってないんだよね。

君だって人を愛することがあると思うんだけども、その場合に、どういうことかっていうことはだいたい分かるでしょう? 人でなくても犬やネコでもいいよ。それから、男に「愛してる」って言われたら、だいたいどういうことかは分かるでしょう? 「金を貸してくれ」と言われるのとは違うってことは分かるよね。「パランラチャチャンゴ」とか、いま作ったんだけど、こう言われるのと違って、「愛している」というのは分かるよね。哲学的に定義しろとかいわれてもできないかもしれないけど。

学生1――なんで納得できないんだろ。どうも納得できないんですよ。

ほかの人、何かないですか？

どうやって魂を認識するのか？

学生3――自分がだれかを愛しているときに、相手の何に自分が惹かれているのかっていうことを、自分で特定することができるんですか？　相手は身体や心の要素をもっているかもしれないけど、知覚できるのは、相手の人という一つのかたまりであって、それを要素に分けてバラバラに認識することができるのかって思うんですけど。

なるほど、相手を見ても、相手の人という全体しか認識できないんだから、どの要素を愛しているのかということも特定できないんじゃないかっていうことですね。その場合、相手の全体っていうのは、身体と心を含んでいるわけですね？　服は含まない？

学生3――そうですね。服は含まないと思います。

服はたぶん相手の人の中には含まれないよね。爪とか髪の毛とかは含まれるんですか？　歯も抜いたりするけど、歯も含まれるのかな？　髪の毛があるかないかで印象は相当違うけどね。歯があるかどうかもかなり大きいけどね。……まあそれはいいや。きりがないから。

で、相手のどこが好きかって自分でもはっきりしないこともあるんだけども、ある程度言えることもあるよね。相手が好きだって言うときに、たんぱく質でできてるから好きだって言う男はいないと思うし、眼が顔についているから好きだって言う男もいないと思うでしょう？

それから、好きな人でも嫌いな部分があることってないですか？　たとえば目は好きなんだけど耳の形が嫌いとか。声は好きだけど、食べ方が嫌いだとか、あるでしょう？　きちんと分析するのは簡単にはできないかもしれないんだけど、そんなことを考えることないですか？

学生3――それはありますけど、相手の人について考えるときに、たとえば目に見えない性質とか性格について考えるときにも、視覚的な情報は絶対に影響を与えると思うので、ソクラテスのようにルックスにはまったく関心がないって言うのはおかしいんじゃないんですか？

でもよく、「ルックスはいいけど性格は悪い」とか「性格はいいんだけどルックスがイマイチ」とかね、「誠実なんだけど、顔がドアノブみたいだ」とかね、そんなことを言ったりするでしょう？　だから、ある程度区別することはできそうな気はするんだけどね。

それとも君は、そういうことがあっても、身体と心の総合点で好き嫌いが決まるんだと考えるのかな？　どっちかがマイナスであっても、もう一方がずっと大きいプラスだったら、合計して好きだと考えると、そういうふうに決まると思う？

学生3――そう言われると、そういう気もする。

ぼくもよく分からないんだけど、総合点なのかな？　このソクラテスの論法によると、君と身体は違うんだよね。ちょうど君の身体と洋服が別物であったり、君の身体と貯金が別物なのと同じように、君自身と君の身体は別物だと言うんですね。そのときに、たとえ総合点だとしても、貯金が多いからっていう理由で好きになるっていうのは、総合点はある程度あったとしてもやっぱり許せないんじゃないの？　貯金がなくなったら好きじゃなくなるんだから。

学生3——でも身体と精神を完全に切り離して言うことにわたしは反対なんですけど。ああ、そうか。じゃあ、ここでは身体と心が完全に切り離せるとソクラテスは主張してるわけだけども、どうしてこれが間違ってると思う？　身体と君は別物だってことを論証してるわけだよね。この論証のどこが悪いと思う？　使うものと使われるものは別々のものだから君と身体は別物だと言ってるんだよね。

学生4——あの、ソクラテスが言う「君自身」というのは、その人の「わたし」という感覚だけだと思うんですけど。その感覚が人間の本質だし、その感覚が魂であり、支配者であるとは考えられないんですか？　身体と同じか違うかという話ではないと思う。

そうかなぁ。かりに、君が言うように、わたし自身というのは、「わたし」という感覚だとするよね。そうしたら、感覚というのは、もつこともあるし、もたないこともありますよね。たとえば眠ってるときとか、気を失っているときなどは感覚はもってないでしょう？　そのときは「わたし」という感覚ももってないよね。夢中で本を読んだり映画を見ているときなんか、あまり「わたし」という感覚をもっているように思えないよね。でも、「わたし」という感覚をもっていなくても、そのときにわたし自身がいなくなるわけではないでしょう？　そう考えると、「わたし自身」というのは感覚の一種とは思えないよね？

学生5――質問なんですけど、アルキビアデスの魂が身体を使っているとしても、だいたい、なんでその魂がアルキビアデスって分かるんですか？

君の質問は、たとえば双子の兄弟の片方であるということがどうして分かるのかっていう問題と同じなのかな？　どうやって分かるのかは知らないんだけれども、マナカナちゃんという双子のタレントがいるよね。ぼくなんかは見分けがつかないんだけど、最近はともかく、以前はそっくりだったから見分けがつかなかったんだけど、魂としては二つあると思うでしょう？　そう思いませんか？　で、どうやって見分けるかは分からないんだけれども、外見では見分けがまったくつかないということはありえますよね。でも、見分けがつかないからみんな同じ人かっていったら、そうじゃないでしょう？　だから、見分けがつくかどうかはあんまり関係がないんじゃないかな。

学生1――あの、いいですか？　そもそも身体がなきゃ、人間は人間として認められないじゃないですか。存在しているようには見えないじゃないですか。何にもないところで、「これがアルキビアデスだ」とは言えないじゃないですか。身体がなかったら、そこに魂があっても、わたしたちとしては、ないのと同じじゃないですか。

ないというのは、見えないということと同じなの？　たとえば、透明人間みたいなのは存在していないとか、人間とは言えないということ？

学生1――人間じゃないかどうかは分からないですけど、人間として知覚できないじゃないですか。そもそも魂が単独で存在するのかっていうと、よく分からないですけど、存在できないと思うんですよ。

でも目に見えなくても存在するものは色々あるよ。たとえば百より大きい数は存在するよね。目には見えないけど。一億以下の最大の素数も存在するよね。知性も目には見えないけど、君にも知性はあるでしょう？

学生1――それはそうですけど、でも魂っていうものが単独で存在できると言えるのかと思う。

魂が単独で存在できるかどうかは、ここではソクラテスは何も言ってないから、どう考えているかはこのテキストだけからは分からないんだけどね。でも、かりに魂は単独では存在できないとします。身体とセットじゃないと存在できないとしますね。そうだとしても、ソクラテスは、身体を使うのは魂だから、身体と魂は別々のものだと言っているんですね。ソクラテスとしては身体と魂が別々のものだと言えばいいんです。別々のものがいつもセットになっていることはありうるからね。だから魂が単独で存在できるかどうかは関係ないんじゃないのかな。

魂と身体はどう関係するか？

学生1――そうじゃなくて、もし脳がなければ魂もないと仮定すると、「魂が身体を使う」とは言えないと思うんですよ。魂が存在するのに脳が必要だったら、脳が魂を使うということになると思うんですよね。

あ、そういうことね。じゃあ、君が言いたいことは、「魂が身体を使う」というのはおかしい。むしろ、「身体が魂を使う」あるいは「脳が魂を使う」と言うべきだ。だから、わたしは脳である、と言いたいのかな？　それともわたしは身体だって言いたいの？

学生1――えーっと、ソクラテスが「魂を愛している」と言っても、結局、魂を使ってるのは脳で、脳っていうのは身体の一部なので、身体を愛していることになると思う。

人間は身体であると言いたいんだね？　じゃあ、たとえば、男がわたしの身体目当てだ、というのもオッケーなわけね。

学生1――そうじゃなくて。

そうじゃないの？　あ、そうか、この男はわたしの脳が目当てなんだっていう方がいいの？

学生1――いや、違うんですよ。そういうことを言いたいんじゃなくて！　ソクラテスは、他の男はアルキビアデスの身体を恋しているんだから、アルキビアデスの所有物を恋しているだけだって言ってるじゃないですか。もし魂っていうものが脳に依存しているんだったら、魂の方が脳の所有物になるんではないかと思うんです。脳が魂を使っていることになるし。だったらソクラテスも、アルキビアデスの所有物を恋していることになるんじゃないかと思う。

じゃあ、魂も所有物であると言いたいんだね？　魂を所有してるのは脳なの？

学生1――おそらく、身体のどこかじゃないかと。

ということは、人間というのは身体にほかならないということだよね。魂っていうのは、ぼくの服とか時計とかと同じようなもので、自分の持ち物なんだけども、それをもっているところのものっていうのは身体であると。だから、「魂が身体を使う」っていう言い方はおかしいと思うんだね?

学生1――というよりも、使い使われ、みたいな。

逆転することもあるのね? 魂が身体を使うこともあるし、身体が魂を使うこともあると考えるんだね?

学生1――使われつつ、使っている。

その場合、人間が使われるっていうことはないよね。君自身が身体に使われるとか、それはないでしょう? 使い使われる、っていう関係が循環するんだったら、君は身体を使うけど、身体が君を使うこともあるの?

学生1――その「君」っていうのが魂だとすると……。

魂としなくてもいいんだけど、君が魂を使うっていうこともありうるし、魂が君を使うっていうこともあるの？　そういう意味じゃないの？　君の考えでは、結局、人間っていうのが何だっていうことになるの？

学生1――人間は身体と魂。

その二つを合わせたものなの？

学生1――そう考えると、魂は身体に依存してるし、身体は魂に依存してるんじゃないかなと思う。だから、使う使われるは相互に当てはまるんじゃないかと思ったんです。

依存関係っていろいろありますよね。魂は脳に依存していると君は言ったけど、君の身体は酸素とか水とかに依存してたりするわけだよね。そういうものがないと生きられないんだからね。そうすると、酸素や水の方がより自分に近いことにはならないの？

学生1――違います。わたしが言いたいのはそういうことじゃないんですけど。

そうだろうね。「わたしは本当は酸素です」と言いたいわけじゃないよね。

学生1――もし、脳や身体がなかったら、魂っていうものがあったとしても、わたしには見えないわけですよ。

見えなきゃいけないの？

学生1――見えないとか、さわれないいんなら、幻覚と区別つかないじゃないですか。その人がいるってわたしには分からなくなる。

でも、たとえばね、遠い島に住んでる人がいて、その人を見ることもできないし、声も聞けないんだけども、メールで連絡してくるとするよね。その場合、その人が存在しているとは思うよね。見えないし、さわれもしないんだけども、存在している、そういう人は世界にいっぱいいるでしょう？　どこか遠い星に宇宙人がいたとしても、見ることもさわることもできないよね。そういう人は存在しないことになると言いたいの？

そんなこともないよね。

学生1――わたしが言いたいのは、そういうことじゃなくて。たぶん、魂は身体とセットじゃないと存在できないんじゃないかと思うんです。ということは、そもそも身体がないと魂が存在できないんだったら、魂の方が身体の付属物になるんじゃないかと思うんです。もしも魂が身体に依存しているんだったら、身体の方がアルキビアデスだと言えるんじゃないんですか?

でもそんなこと言ったらね、酸素がないとアルキビアデスは存在できないけど、アルキビアデスが存在していなくても酸素は存在するよね。つまりアルキビアデスは酸素に依存しているんだけど、だからといって、アルキビアデスは酸素であって、身体も魂も酸素の付属物だと言うことにはならないんじゃないの?

学生1――そうも言えるかもしれないんですけど、魂と身体の場合にかぎれば、そういう関係がお互いに成り立っているって言えるんじゃないんですか?

どうしてお互いに成り立っていると考えるのかな。たとえば、君が手を挙げようと思うでしょう？　そう思うこと自体は身体の状態とは違うよね、たぶん。それは心の状態だよね。

学生1――でも、その心っていうのも、たぶん、脳のどこかで電気信号を送るわけですよね。それなら心といっても、脳のことなんじゃないかと。

なるほど。そうか、やっと分かったよ。心と脳の関係ね。その問題は現代でもずっと議論されていて、やっかいなんですね。心は身体とは別には存在しないんだという立場があって、心というのは脳の状態に他ならないと主張する人もいるし、それに反対する立場もあるんです。そういう議論になると収拾がつかなくなるんで、困るんですけどね。

学生6――あの、わたしも同じことを考えたんですけど。ギリシア時代には、生物は魂をもっていると考えられていたかもしれないけど、現代なら、魂がないと考えることもできるんじゃないんですか？　魂などなくて、考えたり感じたりするのはすべて脳だと考えると思うんです。その場合は、身体と魂が別物だという議論が成り立たないことになりませんか？

現代的に考えた場合でも、ソクラテスなら、少なくとも、身体とか脳とかを使うところのものがあるはずだと反論するんじゃないかな。ソクラテス的に言うと、ぼくらは「頭を使う」とか、「脳を使う」とか、「右脳を使う」という言い方をしていますよね。ぼくらは脳を使ってものを考えたり計算したりするでしょう？

だから、ソクラテスの論法からすると、人間は脳と同じでもないんだよね。「脳を使ってものを考えたり、判断をしたり、知覚したりする」って言うんだから、人間は脳ではないとソクラテスなら考えるだろうね。人間は脳を使うものであって、脳に使われるものではないんだと。

だから、「そうやって使われる脳と、脳を使うところのものは違うはずだ。なぜなら一般に、使うものと使われるものは別々のものだから」とソクラテスは言うだろうね。そして、そういう「脳を使うところのもの」を「魂」と呼んでもらいたい、と言うだろうね。

学生6――脳を使うところのものは脳だと考えてはどうしていけないんですか？

脳のほかには心とか魂と言えるものがないと考えれば、そうなるかもしれないね。でも、心と脳の関係がどうなっているかという問題は現代でも決着がついてないんです。だから、われわれはまだ、心は脳とは別に存在しないのかどうか、脳しか存在しないのかどうかを知らないんですね。だいたい、ぼくらは「心」ということばをふだん使っているでしょう? それを存在しないと主張するには相当な理由が必要です。でも、脳しか存在していないということを、だれもが納得できるような仕方で証明した人はまだいないと思います。だから、まだ何もはっきりと知らないわれわれとしては、提案された案を一つひとつ検討していかなきゃいけないんです。

そして、ソクラテスも提案者の一人なんです。心と身体の関係がどうなっているかについて、一つの考え方を提示しているんです。心と脳の関係を知るためにもまず、ソクラテスのこの論証が正しいかどうかを検討しなきゃいけないんですね。

ソクラテスが出している理屈を検討するとどうなりますか? ソクラテスの理屈はこうです。「魂が身体を使う」っていう言い方がある。「魂が身体を使う」とは日本語では言わないかもしれないけど、「心が身体を使う」ぐらいは言うよね。たとえば、「手を上げよう」と思って手を上げるような場合を考えればいいんだけど、そういう場合、心で思ったことが原因で手が上がるんだから、心が身体を使うと言ってもいいですよね。このように、心が身体を使うとは言えても、身体が心を使うとは言えないんじゃないかな。心というのは結局は脳なのかどうかは分からないにしても、われわれが心と呼んでいるものが身体を使っている以上、心と身体は使うものと使われるものの関係にあるはずだ。使う・使われるという関係にあるのなら、その二つは異なるものだ、こうソクラテスは論じているわけですね。この議論は正しいですか？　そこの部分は納得できますか？「心が身体を使う」という言い方があるということは認めてもいいと思うんだけど。

学生1――言い方があることは。

そういう言い方が存在する。そのことから、心と身体は違うものだと言えない？

学生1――違っていると言ってもいいですけど、でもその逆もあるんじゃないかって。

でも「身体が心を使う」っていう逆の言い方はあまりしないよね。

学生1――ないです。

どっちかというと、身体が一方的に使われるばっかりで、「身体が心を使う」っていう言い方はあんまりしないよね。だから、心が身体を一方的に使っていると。

さらにもう一つ、「君が身体を使う」という言い方もあるんだから、君と君の心はどちらも、身体を使うところのものだから、同じものだ、というのがソクラテスの論法だよね。

学生6――あの、いいですか？　わたしたちは「わたしは手を使う」とは言いますけど、「わたしの魂が手を使う」という言い方はしませんよね。ギリシア時代には、「魂が手を使う」という言い方をするのがふつうだったんですか？

あ、そうか！　そうだね。ギリシア時代にも「魂が手を使う」という言い方とか「心が手を使う」という言い方はふつうしなかったと思います。ついさっき、「心が身体を使う」という言い方があるって言ったばかりだよね。でもこれは疑問だよね。ぼくの面目丸つぶれだ。困ったね。

ただ、ソクラテスは、身体を使うところのものは何かといったら、魂しか考えられないだろう、と言ってるんだと思うんです。

このことは、こう考えたらどうかな。たとえば、手を上げるとするよね。これは「手が上がる」というのとは違うよね。

学生6――ええ。

どこが違うと思う？

学生6――手を上げる場合は、意志の力が働いているけど、上がる場合は意志が働いてないと思います。

そうだよね。意志があるかないかの違いだよね。この二つの違いはどこにあるかという問題はウィトゲンシュタインという哲学者が出した問題なんですね。ウィトゲンシュタインは「では、〈意志が働いている〉ということはどういうことか」とさらに問うんだけどね。でも、ここでは簡単に、意志があるかどうかの違いだと考えておきますね。

つまり、「手を上げる」と言われる場合には、意志なり心なりが原因になっていると考えられます。

よく路上で「踊る人形」とかいう手品をやってますよね。何もしないのに紙の人形が踊っているように見えるんだけど、だれも人形を操っていないと思ったら、「人形が動いている」という言い方をしますね。もしもだれかが操っていることが分かったら、「人形を動かしている」と言います。だから、「動かす」と「動く」の違いは、人形以外のだれかが原因になっているかどうかの違いなんですね。

手が上がる場合も、手以外に上がる原因がなければ「上がる」と言うし、上がることの原因が手以外のどこかにあれば、「上げる」という言い方をすると思えるんですね。その原因は、その人の意志ですよね。ソクラテス的に言うと「魂」だということになると思うんですね。「手を上げる」と「手が上がる」といったような区別をするためには、身体を動かす原因がなくちゃいけなくて、それを魂と呼んでいると考えられると思うんです。ちょっと苦しいけど、これでいいですか？

学生7——あの、わたしは魂と脳がお互いに依存する関係にあると思うんですけど、それなら身体と魂っていうのも依存し合う関係なんだから、ソクラテスみたいに、「使うものと使われるもの」という分け方は違うなっていう気がしたんですけど。だから、そこから魂と身体が別物だと言うのもヘンじゃないんですか？

でもね、魂と身体が依存し合っていたら、同じものだということになるのかな？　たとえばカナヅチを使うとするよね。カナヅチというのは人間が作らなきゃいけないもので、人間がいなかったらカナヅチは存在しないでしょう？　それで、かりに人間もカナヅチがないと生きていけないと仮定するよね。そういう場合には相互に依存し合っていますね。どちらも存在するためにはもう一方がないといけないわけだから。そういうときに、人間はカナヅチと同じだとか、カナヅチは人間の一部なのかっていうと、そうでもないでしょう？

学生7――そうですね。

それから、たとえば腸内細菌の中には善玉菌がいるよね。そういう細菌は人間がいるから生きていられるんだけど、人間もそういう細菌によって健康が保たれたりしているから、相互依存なのかもしれないけど、人間と腸内細菌は同じじゃないでしょう？　だから、相互依存するとか、お互いに必要とし合ってるっていうことと、お互いが別物かどうかっていうことは違うんです。相互依存し合っていても別物っていうことはあるんだからね。

学生8——あの、「心と身体は別物だ」ということと「影響を与え合う」ということの関係がやっぱり分からないんですけど。わたしは、心と身体はまったく同じではないけど、まったく別物とも思わないんです。「別物だ」というと、無関係という気がするんですけど。

別物だからといって無関係だとは限らないんです。密接な関係があっても、別物ということはよくあります。たとえば、親と子は密接に関係しているけど、別物ですよね。眼球と視神経は密接に関係しているけど、別物だよね。

学生5——いいですか？　たとえば、背が低いというコンプレックスをもっている人は、そのコンプレックスをもつことによって精神的なものが形成される部分があるじゃないですか。ひねくれちゃうとか。それでも身体と心は関係ないんですか？　背が低いということによって性格が影響されるんだから、関係してるんじゃないんですか？

心や性格に関係するものは色々あると思うんだよ。たとえば貧乏であることが性格に影響を与えるということはあるよね。でも、お金が君の性格に関係するからといって、お金が君自身の一部になっているとは思わないでしょう？　やっぱり、君とお金は別物だって考えるでしょう？

学生5――そうなんですけど、お金がなければできない経験がありますよね。経験を重ねることによって人間の魂っていうのもできていくんだから、お金がないことで魂が影響を受けていると思うんですよ。

影響を与えるものはいっぱいあるよね。たとえば親であるとか恋人であるとか占い師だとか小学校の先生のような色んな人が影響を与えるっていうことはよくあると思うんだけども、ものすごく大きい影響を受けたとしても、その人と自分が同じだということにはならないよね。

学生5――それはならないと思います。

だから、密接な関係があるからといって同じだということにはならないでしょう？　それから君が言っている「経験」なんだけど、経験したからといって、あるいは経験しないからといって、君が別人になったり、君が君でなくなるとは言えないよね。

学生5――アルキビアデスに戻るんですけど、ソクラテスはアルキビアデスの魂を好きなんだけど、その魂は、ハンサムだったがゆえに色んな思いをした結果、形成されたんだと思うんですよ。それでも、外見とは関係なく魂を好きだと言えるんですか？

たまたまハンサムだったとか美人だったとかいうことが人格形成に大きい影響を与えることはあると思うんです。あるいは、お金があったということも大きい影響を与えるだろうしね。でも、だからといって、その人を愛するとき、その人のお金を愛する必要があるというわけじゃないでしょう？　その人がどんなものを食べるかによって性格が変わることもあるかもしれないね。たとえば野菜ばっかり食べていると性格が草食動物みたいになるのかもしれないとしても、だからといって、その人を愛する人は、野菜も愛しているとはかぎらないでしょう？

それからね、人間が色んな経験をすることによって性格が変わることはあるんだけど、でもそもそも性格がいくら変わっても、その人自身が別の人になるわけではないでしょう？　その人自身と性格もまた違うんだからね。

学生5——そうですか？　でも、ウチと、隣に座っている人の性格が入れ替わったら、それはもうウチではないですよ。

そうかな？　ウチだろ、やっぱり。君の性格が変わったとぼくらは考えるかもしれないけど、二人の人間が入れ替わったとは思わないよね。

学生5——それはまわりから見てじゃないんですか？

まわりから見てもそうだし、自分から見てもそうじゃないのかな？　性格って、たとえば、おとなしいとか、明るいとか、社交的だとか、努力家であるとか、そういうものだとすると、人間の性格はけっこう変わるでしょう？　性格が変わって別の人の性格とそっくりになることはありうるけど、その人になったわけではないよね。自分は自分のままでしょう？　だから、性格と自分というのはちょっと違うでしょう？

学生7——あの、いいですか。「心が身体を使う」と言ってますけど、絶対そうとは言い切れないと思うんです。身体の痛みによって心が動く場合もあるし。そういうときは、

「身体が心を支配している」と言えるんじゃないんですか？

痛みの感覚というのは、ふつう心の状態だとされてるんですね。それはここではどっちでもいいんだけど、君が言うように、身体の状態が原因で心に痛みの感覚が生じたりするよね。

身体に起こることが心に影響を与えるということは、痛みにかぎらずよくあることで、感覚なんてすべてそうだよね。目とか耳とか舌とかに生理的変化が起こって、その結果、感覚が生じるんだからね。それから、身体じゃなくても、お金を落としたら、あわてたりします。恋人にふられたりしたら、心の中で落ち込んだりします。家族が病気になったりしたら、心配になりますね。

このように、心に影響を与えるものはたくさんあって、色々なものによって心の状態は変わるんだけど、でもそれによって変わるのは心の状態とか、心の内容です。その人が別の人になるわけじゃないよね。

学生7——でも、事故で足がなくなったら、心も変わるし、性格も変わります。

そうだろうね。心の状態だけじゃなくて、性格や人間性も変わったりするよね。でも、別の人になるわけではないでしょう？ だから、心の状態が変わっても「わたし」が別の人になるわけではないよね。

心とは何か？

学生6——じゃあ、心の内容が変わっても人は変わらないんですね？ そうしたら、心はその人自身じゃないということにならないんですか？

その通りだね。心と人の二つのうち、一方が変わっても他方が変わらないんだから、二つは同じとは言えないよね。

ただ、もっと正確な言い方をすると、こうなると思うんだよ。「心」といっても色んな意味があって、心の内容を指すこともあるけど、「考えたり、イメージを浮かべたりするところのもの」っていう意味もあるように思うんです。この授業で「心」と言ってるのは、「考えたり感じたりするところのもの」という意味だと考えて下さいね。

そうすると、「心が変わる」とか「心が変化する」と言っても、二つの意味があるよね。一つは、心の内容が変わるということです。柱に足をぶつけると痛みの感覚が心に生じるのは、心の内容とか心の状態が変化しているんですね。もう一つの意味の「心が変わる」というのは、考えたり感じたりするところのものが変わるということで、これはほかの人になるというのとほぼ同じだと考えられます。それでいいですか？

学生6——……。

納得できないようだね。えーと、心の内容は刻々変化していますよね。心の中を観察すると、色んな視覚的経験とかイメージとか想念とか色々なものが去来していて、変転きわまりないよね。想念っていうのは、観念とかそのときどきの考えとか想像など、心の中に浮かぶものだと考えて下さいね。でもどんなに心の内容が変わっても、〈そうやって色々なことを考えたり、想像したり、感覚したりするところのもの〉は、変わらないと思えませんか？

だいたいね、一分前の想念といまの想念が違うということが成り立つためには、想念を浮かべるところのものが、一分前といまで同じじゃないといけないでしょう？　もし想念を浮かべるところのものまで変わったら、一分前の想念といまの想念が違うかどうかも判定できないいんだから。一分前の想念といまの想念を比較する一つのものがなきゃいけないいんですね。分かりますか？

学生6——はい。

それからね、さっき「心が身体を使う」と言えるのかという質問があったよね。右手を上げようとしたとき、心の中には右手を上げるイメージが浮かぶかもしれないけど、イメージが動かしているわけじゃないよね。イメージを浮かべているところのものが手を上げているんだと思いませんか？　というか、手を上げようと考えるところのものが、手を上げていると思いませんか？

ちょっと問題があるかもしれないいんだけど、ここでは、「心」というのは、色々なことを考えたり、知覚したりするところの、心の働きの本体だと考えて下さい。そういう意味での心は、手を上げようと考えて上げるところのものだと言ってもよさそうに思いませんか？

それからね、ソクラテスはこう言うかもしれないいんですね。たとえば心が何か考えるとしますね。そのときソクラテスが、「考えられてる内容と、それを考えているものは違う」というふうに議論することもありうるんですね。考えられるものと、考えているところのものは違うはずだと。考えられてる内容は、紙に書いたりすることができるから、「考えられてる内容が好きだ」って言うことは、「この本に書いてあることが好きだ」って言うのに等しいわけですね。それは、その考えをもった人自身を好きだということとは違うよね。その本は、内容が同じならほかの人が書いていてもよかったんだからね。だから、そういう内容を考えているところのものは、内容とは別のものであって、心だとも言えるし、その人だとも言えますよね。

だから、ソクラテス的に言うと、その人自身を愛するということは、考えているところの心を愛するということだということになります。そうすると、ぼくは君が何を考えていても、どんなにバカなことを考えていても、そんなことには関心がない、何を考えていようが、何を感じようが、ぼくの愛には関係がない、君の外見が関係がないのと同じように、ということになると思うんだよね。考えられていることと考えているところのものは違うんだから。こういうことをソクラテスが言うことも考えられるんですね。

そこまで言うとソクラテスの言い方が信用できそうもない気がするかもしれないけど

ね。信用できないなら、どこでダマされているか考えてほしいんだよね。

学生2——あの、魂って何ですか。

あっ、そうか、当然の疑問だよね。魂っていうのは理解しにくいんだけど、ギリシア時代には特定の意味をもっていました。生物はすべて魂をもっていると考えられていたんだよね。植物も動物も魂をもっているんだけど、植物が魂をもっていると言っても、植物がものを考えると考えられていたわけじゃなくて、魂というのは生命の原理というか、生命の源みたいな意味だったらしいんですね。で、人間の魂は特別で、植物と共通する機能や動物と共通する機能をもっている上に、ものを考えたりする能力をもっている点でほかの生物とは違うと思われてました。だから、考えたり想像したりするところの本体が人間の魂だと言うことができます。

だから厳密に言うと魂は心とは違うんだけど、このテキストの場合は同じだと考えてもいいと思います。心というのを〈考えたり想像したりするところのもの〉という意味に解釈したとしての話だけど。

学生9——あの、魂や心はどこにあるんですか？　脳にあるんですか？

どこに心や魂があるのかはぼくも分からないんだよ。心がどこにあるのか言えますか？　頭蓋骨《ずがいこつ》の中にあるとは言えないような気がしますよね。中には脳しか入ってないように思えるし、脳を調べても脳細胞や血管しかないように思えるからね。

でも、どこにあるのか分からないものはけっこうあって、たとえば5という数もどこにあるのか分からないし、時間というものがどこにあるのかも分からないよね。空間がどこにあるのかだって分からないし、この宇宙がどこにあるのかも分からない。ドミソの和音がどこにあるかも分からないし、ベートーヴェンの「運命」がどこにあるのかだって分からないよね。こういうものについては、「どこにあるのか」とは問えないように思うんです。だから答えもないと思います。

同一人物かどうかを見分ける方法

2011年
8月の新刊 文春文庫

明治になっても「かわせみ」はますます好調です！

平岩弓枝
華族夫人の忘れもの
新・御宿かわせみ2

「かわせみ」に逗留する華族夫人は、思いのほか気さくな人柄だが、築地居留地で賭事に興じ千春を心配させる。果たしてその正体は？

●570円
771017-0

武士の心と商人の知恵を持つ男、喜八郎。シリーズ第三弾

山本一力
粗茶を一服
損料屋喜八郎始末控え

棄捐令による大不況下でもびくともしない大商人・伊勢屋の足を掬おうと姦計を巡らす井筒屋。茶席で繰り広げられる男たちの闘い！

●530円
767016-0

森　絵都
架空の球を追う

草野球のグラウンドで、空港のロビーで、桜並木の遊歩道で……。ふとした光景から人生の可笑しさを切り取った、とっておきの十一篇

●440円
774104-4

津原泰水

OL上りの店長・澪、人形マニア

木曜島の夜会〈新装版〉

貝採取に従事していた。彼らの哀歓と軌跡を辿る表題作ほか三篇

●52

76633

丸谷才一
月とメロン

フレンチ・キスの普及はフランス内務省の陰謀？　首狩り族の音楽ってどんなもの？　読めば納得、愉快でためになるエッセイ十五篇

●650円

713824-0

太田和彦　画・村松誠
居酒屋おくのほそ道

居酒屋界の第一人者・太田和彦さんが、村松誠画伯と、会津、仙台、盛岡、秋田、富山等、奥の細道を訪ねる。震災後の訪問記を増補

●660円

780131-1

高月靖
韓国芸能界裏物語

K-POPからセックス接待まで…禁断の事件簿

韓流ドラマから、KARA、少女時代などのK-POPブームまで、裏事情を知る関係者取材をもとに徹底レポート。ファン必見の一冊！

●620円

780146-5

ティム・ワイナー　藤田博司・山田侑平・佐藤信行訳
CIA秘録

その誕生から今日まで　上下

諜報機関を二十年以上に亘り取材した調査報道記者が、その誕生から今日までのCIAの姿を全て情報源を明らかにして書いた衝撃の書

●各1100円

765176-3
765177-0

P・G・ウッドハウス　岩永正勝・小山太一編訳
ドローンズ・クラブの英傑伝

無敵の従僕ジーヴズのご主人も会員に名を連ねるそのクラブにはキュートでマヌケな面々が集う。読めば暗い気持ちも霧消する一冊！

●780円

770595-4

今こそ読まれるべき
吉村昭の記録文学
関東大震災
吉村昭
関東大震災
文春文庫
定価570円（税込）
三陸海岸大津波
吉村昭
三陸海岸大津波
文春文庫
定価460円（税込）

学生2——あの、やっぱり、魂だけを見ることはできないんだから、身体が絶対に必要だと思うんですけど。身体がないと、好きな人とそれ以外の人を区別できないんだから、魂だけを愛するというのはよく分からない。

えーと、「魂だけを愛する」っていうのは、前にも言ったように、外見が変わっても性格や考え方が変わっても、それには関係なく愛するという愛し方だと思ってくださいね。親が子どもを愛するような場合だと。

それで、身体によってしか人を区別することができないという事実を君は問題にしているんだよね。じゃあたとえば、人類の身体が全部くっついていたとします。SFなんかで出てくるような気がするんだけど、人類の身体が全体として一つのかたまりになっているとするんだよね。人類じゃなくて、宇宙人がそうなっていたとしてもいい。どこかの星に行ったら、大きいかたまりがあったとするんです。いいですか?

それで、そのかたまりの一部を針で刺すと身体の一部から「いてっ!」という音声が出るとします。別の部分を刺すと別の部分から「いてっ!」という音声が出て、針を刺す場所によっては、二箇所から「いてっ!」という音声が出るとするんですね。まあ、音声の出所は同じでもよくて、音質が違うっていうか、違った声だとしてもいいんだけどね。

かりにそういうものがあった場合、ぼくらはそのかたまりは一個の生物だとは考えないんじゃないかな。いくつかの生物だと考えるんじゃないかなと思うんです。見た目は一体になっていて区別はつかないんだけどね。そういうことがあってもいいでしょう？

学生2――そうかもしれないけど、でも口や声帯がなければ、心があっても自分を表すことができないじゃないですか。魂があっても、言いたいことを言うには身体が必要なんだから、魂だけあればいいと言うのはおかしいと思う。

でもソクラテスはね、魂だけあればいいとまでは言ってないんです。ソクラテスが言ってるのは、「魂は身体を使うから、魂と身体は別物だ」ということなんだよね。魂が身体を離れても存在できるとまではここでは言っていないんです。だから、二人の人を区別するのに、身体が必要だとしてもいいんです。身体がないと魂を識別できないと考えてもいい。ソクラテスとしては、魂と身体が別物だと認めてくれればいいんです。

学生3——いいですか。ソクラテスが魂を愛しているって言っても、魂って見えないじゃないですか。外見はまったく関係ないっていうけど、外見はもちろん見えてるわけですよね。魂だけを見ることは不可能だから、結局は身体を見てるんじゃないかなって思って。

たしかに身体は見るよね。見えるからね。でも、服も見えるわけですね。服とか時計とか鞄とか靴とかね。そういう服や時計も君の一部っていうことになるかな？　それは君の一部ではないよね。だいたい同じ服をほかの人も着てるけど、同じ服を着ていても同じ人だということにはならないよね。だから、服とかはいやおうなく見えてしまうんだけれど、それでも君の一部とは言えないよね。

学生3——あ、そうか。

それから、見えてないものもあるよね。たとえば、君の脳とか心臓とか胃袋とかは見えてないし、それから知性とか性格とかも直接は見えないよね。そういうものも含めて愛することができるんじゃないのかな。相手の服は嫌いだけど、性格は好きだってことはあるでしょう？

学生3——ちょっと待って。別々の人でも同じ服を着ることがあるけど、でも、顔は見えるじゃないですか。ほかにまったく同じ服を着た人がいても、その人が好きっていうのは、やっぱ、それは顔じゃないんですか？

じゃあ、君とまったく同じ顔の人がいたとするでしょう？　そのときに、君を好きだって言う人が、顔を好きだっていう意味だったら、そっちのそっくりな人の方を愛してもいいの？

学生3——そのダミーを？

ダミーじゃなくて、その人はちゃんとした人間なんだよ。君が一卵性双生児の一方だとして、もう一方の人だと考えていいよ。

学生3——もう一人の方を愛してもいいじゃないかって？　服とは別にですか？

同じ服を着ている人はいるけど、身体だって、たとえば双子のマナカナちゃんみたいに区別がつかない双子がいて、その一人だったら、「わたしたちはどっちを愛されてもかまへんねん」って言うと思う？　そうは思わないでしょう？

学生3——そうですね。

世界には、自分とそっくりな人が三人いるって言われるよね。それから、君と同じ考えをもっている人もほかにいるだろうし、君と同じしゃべり方をする人も、性格が同じ人もいると思うんですね。たまたまその人が君と同じ顔かたちをしてたら、その人を愛してくれれば、わたしはそれでもいいって思える？

学生3——それは思えない。

あんな女じゃなくて自分を愛してほしいと思うでしょう？　そしたら、自分っていうのはたんに顔とか外見でもないし、しゃべり方でもないということになるよね。だからソクラテスは「君とそっくりの人がいて、服も顔も話し方も性格もそっくりな人がいたとしても、その人と君は同じ人ではない。ぼくは君の方が好きなんだ」と言うだろうね。もしソクラテスが外見や性格が好きだったら、君とそっくりな人を好きになっていてもいいはずでしょう？　ソクラテスは君自身を好きなんだって言うんだけど、その場合の君自身っていうのは外見とか顔とかじゃなくて魂だと言っているんです。

学生3——そっか……でも、結局、その人自身かどうかはほかの人が決めている気がするんですけど。

そうかなぁ。本人にも分かるでしょう？　どんなに自分とそっくりな人がいても、それは自分じゃないって分かるよね。自分が別人になっていないということをほかの人に教えてもらったりしないでしょう？

学生3——それはそうですけど、他人が判断するときには、身体を見るしかないんじゃないかと思うんですけど。

ふつうはそうだよね。でも声でも分かるよ。電話で話をしていて、相手が途中で別人になったかもしれないとは考えないでしょう？　声しか判断材料がなくても、同一人物かどうかを判断しているよね。

学生10――いいですか？　アルキビアデスを見ているほかの人とアルキビアデス自身の考えは、区別して考えないといけない気がするんですけど。

どうして？

学生10――アルキビアデス以外の人々は、アルキビアデスの身体や外見が変わったとき、あれはアルキビアデスとは別人だと判断することもあると思うんですけど、でも、アルキビアデス本人からすれば、自分は自分のままで変わっていないということもありますよね。だから、他人は、身体を基準にしてアルキビアデスかどうかを判断しているけど、アルキビアデス本人は魂というか、そういうものによって自分は自分のままだと考えていると思うので、アルキビアデスが魂か身体かという問題は、アルキビアデス本人とほかの人で答が違ってくると思うんですけど。

なるほどね。たしかに、同一人物か別人かを判定するのは単純じゃないですよね。ただ、ほかの人が見て区別できないとか、同じだと気づかないということはよくあると思うんですよ。子どものころから何十年も会っていなくて、突然、道でばったり会っても誰か分からない、昔近所にいた遊び友だちだったということが分からないということはよくあるよね。それから逆に、別人なのに同じ人だと勘違いすることもあります。双子を同じ人だと見間違えるとか。

だから、他人から見て同一人物だと思うということと、実際に同一人物だということとは違うと思うんですね。他人から見て、Aという人とBという人がまったく見分けがつかない外見をしていたとしますよね。われわれがこの二人を見て同じ人だと判断したからといって、AとBは同じ人だということにはならないでしょう？　われわれが同一人物だと思いこんでしまうほど外見はよく似ているんだけど、実際には二人の人間なんだと考えられますよね。

それから逆に、同じ人が変装したりして外見を変えたとしますね。怪人二十面相とか。それから、クラーク・ケントがスーパーマンになる場合もそうですよね。そういう場合、まったく別人かと思ったけど、調べてみたら同一人物だったということが後で判明するということがあるでしょう？　そしたら、その場合、外見からは別人だと思っても、実際には同一人物であるという事実が成り立っていると考えますよね。

だから、他人が外見から判断して、別人だと思っても同一人物だと思っても、それがそのまま通用するわけじゃないんです。たんにそう思うというだけでは同一人物か別人かを決める決定的基準にはならないんですね。思い違いとか見間違いということがあって、よく調べてみないと分からないことがあるからね。

人物の場合だけじゃなくて、たとえば、ぼくがマジシャンで、このボールペンを消したとするよね。ほかの人の目には消えたように見えたとしても、それでも実際には消えていないとするんですね。そういう場合、実際には消えていないのに観客が消えたと勘違いしていると考えられます。観客は消えたと考え、ぼくは消えていないと考えているわけですけど、両方とも正しいわけじゃないでしょう？　どちらか一方が正しくて、もう一方が間違っているんですよね。こういう場合、消えたかどうかを決める基準が二つあるわけじゃないでしょう？

ぼくらが勘違いするということはよくあります。昔は、地球は平らだと思われていたわけだけど、全員が地球は平らだと思っても、平らになるわけじゃないでしょう？　そういう意見とは関係なく地球の形は決まってるはずなんですよね。

それと同じように、同じ人物であるかどうかということを、ぼくらは誤解することもあるんだけど、それでも同じ人物であるかどうかということは、ぼくらの意見とは関係なく、事実として決まってるんですね。

学生10——他人から見た場合はそうなるかもしれないけど、本人はどうなんですか? 最終的には、やっぱり本人が「同じだ」とか「違う」と認めないと、結論が出ないような気がするんですけど。

そうかなぁ。でも、たとえば、犯罪があったときに、容疑者が自分が犯人だと認めなくても、犯人と同一人物かどうかを裁判なんかで証明することもあるでしょう? たとえば監視カメラとか声紋とか指紋とかDNAとかっていう手段があるよね。それから、人間って、まったく何の原因もなく外見ががらっと変わってしまうということはあまりなくて、歳をとって外見が変わる場合も徐々に変わるでしょう? だからその様子をだれかが見ていれば同じ人物であると証言したりします。こういう場合は、本人が何も言わなくても犯人だと特定するよね。

本人が自分で何も言わなくても、いろんなテストをして、たとえばその人しかもっていないはずの記憶をもっているかとか、色んな書類だとか、ほかの人の証言とかによって、その人が同一人物であるかどうかを判定するということがあると思うんですよね。

この間ニュースで言ってたけど、ある中国人が中国残留孤児の一人になりすまして、「自分は中国残留孤児だ」と名乗り出て日本に来たんだけど、そのために本当の残留孤児は帰国を認められなかった、という事件があったらしいんですね。そういう場合、二人とも「自分はこれこれという名前の残留孤児だ」と主張しているわけですよね。その場合でも、客観的な手続きによってどっちが本人であるかということをわれわれは決めてるんですよね。こういう場合をみても、客観的な証拠によって本人かどうかを決めることが現実にはあるんですね。

学生10——でも、調べても分からないこともあるんじゃないんですか？

君が言いたいことはこうかな。証拠を調べても分からないことがある、だから証拠による判断は絶対ではなくて限界がある。そういうこと？

学生10——そうです。

たしかに証拠は万能じゃないですね。でも、分からないことがあるからといって、客観的証拠を使って判断するのが間違っているということになると思いますか？　ぼくらがいくら調べても分からないことはいっぱいあります。たとえば、遠くの星に衛星がいくつあるか分からないことがありますよね。でもその衛星の数は正確に決まっているはずです。それなのに、分からないのはなぜかというと、人間の能力では衛星を見ることができないからですよね。衛星を観察して数えることによって衛星の数を導くというやり方がまずいわけじゃないんです。実際に数えるというやり方でしか衛星の数を知ることはできないんだからね。

だから、われわれに分からないことがあるのは、証拠から結論を導くという判断の仕方が不完全だからじゃなくて、証拠が手に入らないからなんですね。

証拠がなくて分からない場合にも色々あるけど、たとえば、後になって証拠がみつかって、同一人物かどうかが判明することがあります。たとえばDNAの技術が開発されたために、昔の殺人犯として処刑された人が実際の犯人ではなかったことが判明することがありますよね。本人の証言によって真相が分かることもあるしね。こうやって後で判明する場合も、証拠によって判定しているんですね。証拠を集めて結論を下すというやり方がまずいからではないんです。同一人物かどうかちゃんと判断できないのは、証拠が見つからないからなんですね。

学生10――でも、証拠が見つからない場合でも、本人には分かっているんじゃないんですか？　アルキビアデスが何も言わなかったり、嘘をついていたりしていても、アルキビアデス本人には絶対に確実に自分が同一人物かどうかは分かるんじゃないんですか？

ふつうはそうだよね。でも、いつもそうだというわけじゃなくて、たとえば、記憶喪失になったとするでしょう？　記憶喪失になると、自分はだれで、名前が何で、だれの子か、昨日これこれのことをした人と同じ人間かどうか分からないということがあるよね。その場合、その人がだれかを決めるのは、指紋とかDNAとか他人の証言じゃないですか？　記憶喪失までいかなくても、酔っぱらって何をしたかおぼえていないという人がいるよね。これも、昨夜、上司の悪口を大声で叫んだと言われている人と自分が同じ人かどうか本人が分からなくなっているケースだよね。

それから、自分はナポレオンだとかキリストだとか思い込んでいる人もいますよね。その人がいくらナポレオンだと思っていても、ナポレオンと同一人物だということにはならないよね。

また、自分はA子だと思っているけど、本当は生まれたとき病院で取り替えられたB子かもしれません。

異常な状態でなくてもこういうことはあります。たとえば、「あのとき、あなたは〈指輪を買ってやる〉と約束したじゃないの」と言われたとします。男にはそういうことを言ったおぼえがない場合、自分が指輪を買うと約束したかどうか分からないんです。つまり、自分がそういう約束をした男なのかどうかに確信がもてないんです。だから、自分だけはいつも確実に同一人物かどうかを判定できるとはかぎらない。ある人が同一人物かどうかを決定的に判定する方法は本人だけじゃなくて色々あると思うんです。

学生3――もし、アルキビアデス本人かどうかが、指紋とかDNAとか物的証拠とかで決まるんだったら、身体さえあればいいと思うんですけど。魂は必要なくなるんじゃないんですか？

なるほどね。その人かどうかを識別するには身体さえあればいいかもしれませんね。でもね、われわれが魂や心があると考えているのは、識別するために必要だからという理由じゃないんです。そもそも身体を手がかりにして何を識別していると思いますか？ある人かどうかを識別しているんですね。それはソクラテスの考えでは、だれの魂なのかを識別しているんです。ソクラテスの考えでは、魂は識別の手がかりではなくて、識別されるところのものなんですね。

特定の人を愛するためには、その人を識別しなきゃいけないんだけど、そのための手がかりは身体であったり、ＤＮＡであったりするんだけど、識別の手がかりになるからといって、その手がかりがその人と同一だということにはならない、こうソクラテスは考えると思うんですね。

それからね、ぼくらは人間をただの物体だとは思っていないでしょう？　動く物体もあるけど、ロボットとか時計みたいにね。そういうものと人間は違いますよね。どこが違うと思う？

学生3――考えたり、感じたりするところかな。

そう、心があるかどうかで人間と物体は区別されるよね。だから、基本的に人間は心とか魂をもっているとぼくらは考えていると言えるんじゃないかな。識別するのに必要だから魂をもっているわけじゃないけどね。

今日のところはこのへんで終わりにしますけど、色々な論点が出てきましたね。最終的にソクラテスの言っていることをどう考えたらいいのか、決着はつきませんでした。でも、問題がかなりはっきりしてきたと思うので、次回までによく考えてきてくださいね。

ソクラテスの議論のうちでも、とくに、「人間と身体は別物だ」とか「人間は魂だ」という主張が問題です。これをソクラテスの主張通り認めると、自分を愛しているのはソクラテスだけだと認めなくてはいけなくなります。

人間は身体とは別物だと言えるか、魂と同一と言えるか、これが考えるべき問題です。いきなりこういう問題を出されると、どう考えたらいいか分かりませんよね？　でもさいわい、ソクラテスが明快な論証を示しているので、この論証が正しいかどうかを検討すればいいんです。

ソクラテスの論証は「使うものと使われるものは別物だ」という前提から出発しています。その前提が正しいかどうか、その前提を認めたら「人間は身体とは別物だ」「人間は魂だ」という結論がそこから自動的に出てくるかどうか、この点をみなさんにとくに考えてもらいたいんです。

正しいかどうかを検討すると言っても、特別なことをするわけじゃないんです。本当に納得できるかどうか、自分に聞いてみればいいんです。どこか納得できないという気がしたら、どこが納得できないのかをさらに自問して、納得できない理由をできるだけ絞り込むようにしてくださいね。もし納得できても、いろんな例を考えてみて本当に納得できるのか、どんな反論がありうるかを想像してみてください。

次回はみなさんに考えたことを言ってもらって、その上で一応の結論を出したいと思います。結局、はっきりしないままに終わったという結論になるかもしれないけどね。じゃあ今日はこのへんで。

第2日

ソクラテスのどこが間違っているか

ソクラテスが言ってることは非常に簡単です。使われるものと使うものは異なる。ところで、「人間は身体を使う」と言う。だから、人間と身体とは別物である。さらに、「身体を使うのは魂である」とも言える。だから、人間と魂は同じである。そういう主張でした。これが第一段階です。次に、これを認めると、その帰結として、「だから、人を愛するというのは魂を愛することだ。身体を愛しても、その人を愛したことにはならない」ということも認めなくてはならない。これが第二段階です。第一段階の証明を認めると、第二段階も認めなくてはいけなくなります。

いいですか？　第一段階で「ある人はその人の魂に他ならない」と証明して、第二段階で「ゆえにある人を愛することは、その人の魂を愛することに他ならない」と主張しているんです。

この前のみなさんの話では、こういう口説き方はあまり有効じゃなさそうですよね。たしかに、理屈でいくら説得しても、それで人を好きになるわけじゃないのかもしれないですね。愛は理屈じゃないって言うし。

でも何よりもソクラテスが第一段階で使っている理屈がどうも疑わしいような気もしますよね。問題は、「人間は身体ではない。魂と同じである」というソクラテスの理屈が納得できるかどうかということです。それを認めると、魂を愛しているからルックスなんかどうでもいいという人だけがその人を愛しているという第二段階も認めなきゃいけなくなります。

どう考えたらいいと思いますか？　ソクラテスの主張を純粋に理屈として考えてみるとどうですか？　スジが通っていると思いますか？　この証明のどこが間違っていると思いますか？　どうですか？　何か考えてきましたか？

心を愛するとは？

学生11——身体と心を分けるっていうのがちょっとひっかかるんです。身体っていうのは他人からも見えて評価したりできるから分かりやすいんですけど、心の方は曖昧《あいまい》なので分からない。「君の貯金を愛してる」って言われたら、それに腹が立っても、その人は貯金が好きなんだなって分かるんですけど、「君の心が好きなんだ」って言われても、心っていうものが曖昧なので意味が分からない。

でも、ふつうは「あいつは心が汚い」って言ったりしない？「あの人は心のきれいな人だ」とか。だから、心はまったくとらえどころのないように思われるかもしれないんだけども、実際にぼくらは、あの人の心はどうのこうのとか、身体は貧相だけど心は立派だとか言うよね。

学生11——じゃあ、心っていうのは、身体を取り除いたものなんですか？

学生11――でも、どんな心なのかということは、外見が醜くても、態度とか表情とか、声の出し方とか、そういう身体の特徴を使わないと分からないと思うんですけど。

そう？　ほんとに身体を見ないといけないのかな。たとえば、メールでしか知らない相手がいたとするよね。その人の顔かたちなんて全然見えないんだけども、ずーっとやり取りしていて、この人は心がきれいだと思うとか、そういうことないですか？　この文面には心がこもってるとか言ったりするでしょう？　だから、ことばだけでも、その人の誠意とか、そういうものが伝わるっていうことはありえるんじゃないかな。

学生11――でもメールだけだと信用できないですよね。

信用できないかもしれないけど、その人が身体ごと目の前に現れたら信用できるかっていったら、そうでもないでしょう？　身体を見ているか、メールしか見ていないかっていう違いは、信用できるかどうかに関しては、それほど重要なこととはかぎらないような気がするんだよね、ぼくは。どうしてそういう気がするのか分からないんだけど、いままで、目の前に現れた相手にダマされたことはよくあるのに、メールとか手紙とか電話でダマされたことはほとんどないからかな。

たしかにメールで「ぼくはブラッド・ピットに似てます」って書いてあっても信用できないっていうことはあるよ。でも、その人の感情の動きだとか、こういう場合にはどうするかっていう考え方とか、人生観とか、知性とか、価値観とか、ユーモアのセンスとかいろんなことはある程度分かるんじゃないかな。その人が身体をもって目の前に現れて、ことばで説明するのとメールで説明するのと、大して変わりはないでしょう？ 身体ごと目の前に現れたら、その分だけよけいに信頼できるってわけでもないんじゃないの？ 生身の人間が目の前に現れてダマすっていうことが十分あるわけだから。

学生11――でも、だれかがわたしをダマそうとしていて、手紙でダマすのと、直接会ってダマすのとを比べたら、直接会って見抜く方が楽だと思う。

そうかもしれないね。メールなんかだと、男が女のフリをするとか、他人にメールを書いてもらうとかということがあるから、ダマせる可能性が広がることはたしかではあるよね。「ブラッド・ピットに似ている」と言っても、本当かどうかは一目見れば分かるしね。

でも、その人がどんな考え方をしてるかだとか、こういう映画を見てどう思ったとか、そういうことに関しては、身体を見ても見なくても決定的な違いはあるような気はしないんだけどね。はっきりしたことは分からないけど。

うちの大学の先生の娘さんがね、小学生のときバレンタインデーで男の子にチョコレートをプレゼントしたんだけど、そのチョコレートに手紙をつけたらしいんだよね。それには、男の子への質問が五〇項目も書いてあったんだって。どんな質問だったのか知らないんだけど、きっと、「鼻は高いか?」とか「背は高いか?」とかっていう質問じゃないよね。見ただけじゃ分からないことを質問してるはずだよね。だから、ふだん直接見ていても分からないことがかなりあるんだよ。

相手の心の状態については、メールであろうが、直接声で言おうが、信用できるかどうかに関してはあまり変わりがないんじゃないかなと思うんだけど、違う?

学生9——表情とか、話し方とかで受ける印象は重要じゃないんですか?

そうそう、そうだよね。でも、だからこそよけいダマされやすいっていうこともあるんじゃないのかな。非常に上手に演技できる人なら、相手の目の前に現れて、表情とか声の調子を縦横に駆使した方がダマしやすいとも言えるよね。ぼくはそれで何度もダマされたからね。メールの場合だったら、どんなことばを使っているかとかね、そういうことでダマすことはできるかもしれないんだけど、使える手段がかぎられるよね。

脳死になったら

学生11——あの、もしアルキビアデスが脳死状態になったら、そのときでもソクラテスはアルキビアデスを愛することができるんですか？

脳死っていうのは、脳は死んでるんだけど、身体は生きているような状態ですよね。ふつうに考えたら、愛っていうものは、脳死になっても、その瞬間に消えるというものじゃないですね。脳死状態でも愛は続くと考えられるでしょう？　ふつうは。もしソクラテスが、脳死になっても魂は存続すると考えていたら、愛が続くことは説明できますよね。でも、もしソクラテスが脳死とともに魂はなくなると考えていたら、脳死状態でも愛が続くことを説明できないですよね。ただ、このテキストでは、ソクラテスは脳死状態でも魂は存続するとも存続しないとも言っていないから、どう答えるかは何とも言えないですね。

学生11――たとえば、脳死状態になっていても、家族がずっと生命維持装置を切れないってことがあるじゃないですか。ああいう人たちは愛してることにはならないんですか？　人格も魂もない身体を愛しているから、その人自身を愛していることにはならないと言わなきゃいけないんですか？

そうですね。ソクラテスなら何と言うかな。ぼくの想像を言ってみるね。愛する人が脳死状態になっても、あるいは完全に死んでも、愛はなくなるわけじゃないし、火葬になって身体が跡形もなくなっても、ふつうはそれで愛が終わるわけではないよね。それは認めますか？

学生11――はい。

脳死状態でも死んだ後も、魂が存続していると考えれば、愛が続くという事実は説明できるよね。

学生11――ええ。

問題は死後は魂がないと考えたときです。かりに死んだら魂はなくなるとするよね。その場合には、死後も愛が続く現象を、魂によって説明することはできないよね？

学生11――はい。

では、死んだ後も愛が続くのは、身体を愛しているからだと説明できますか？

学生11――できないと思います。

身体が完全に消滅しても愛は続くんだからね。身体を愛していたら、身体が消滅したとたんに愛が消えてもいいはずだよね。死後も魂があるかどうかは分からないけど、身体は確実に消滅するよね。だから少なくとも、「死後も愛が続くのは身体を愛しているからだ」と言えないということは確実だよね？

学生11――そうですね。

そうすると、死後も愛が続くという事実をもち出しても、身体と魂のどちらを愛しているのかという問題には決着がつかないよね。たぶん、死後も愛が続くのは、たんに、愛は急には消えないという性質をもっているというだけのことかもしれないんです。どちらにしても、死や脳死の例を考えても、魂か身体かという問題を解決するのには参考にならない。ソクラテスなら、こう考えるかもしれないね。

学生9――さっきの話の続きなんですけど、たとえば脳死と同時に魂が消えるとしても、ソクラテスでは一応、身体は魂の所有物ということになってるじゃないですか。身体は、愛している人が生まれたときからずっともっていたものじゃないですか。やっぱりそういうものは、魂が消えても、ある意味で愛しいんじゃないかなと思うんですよ。たとえば、持ち物とかでも、好きな人がもっていたものはほかのものとは違う感じがするように、身体みたいに魂とすごく密着していたものが残されたとしたら、魂がなくても大事なんじゃないかなと。

そういう説明も成り立つかもしれないよね。よく「坊主憎けりゃ袈裟まで憎い」って言ったりするしね。好きとか嫌いっていう感情は、周辺まで及ぶよね。本当に好きな人であれば、その人がもっている持ち物も好きになることがありますからね。相手は好きだけど、相手の持ち物は全部大っ嫌いだっていうことは考えにくいよね。

でも、愛情がその人のもっているものまで及ぶからといって、その持ち物がその人自身の一部になるわけじゃないよね。持ち物だけを愛しても、相手の人を愛していることにはならない。たとえばその人のもってるヴィトンのバッグだけを愛していて、持ち主の方は嫌いっていう人がいたら、バッグの分だけでもその人を愛したということになると思う？　バッグへの愛は相手への愛には関係がないでしょう？

身体も愛するのでは？

学生9――そうですね。ソクラテスが言うように、身体が魂の所有物だとしたら、身体だけを愛してもその人を愛したことにはならないとは思うんです。でも、「身体も愛する」っていうのがふつうじゃないんですか？　先生が言ったように、相手を愛しているのに持ち物は大っ嫌いということはないんだから。

身体も愛することが必要だというのは、その通りかもしれないよね。欲を言えば、魂と身体だけじゃなく、いつも身につけているバッグであるとか、時計であるとか、そこまで愛してほしいというところまでは思わないの？

学生9——そこまでは。身体と心を完全に切り離して、魂だけを愛するというのは、普通の感覚からいうとちょっとズレてる。

ズレてるよね。だから君は、身体と心はまったく完全に分離しているわけじゃないって言いたいわけだよね。

学生9——身体だけを愛するのは本当に愛しているとは言えないっていうのは分かるんですけど、魂さえ愛していたらいいのかって。

ということは、魂と身体はある程度セットになっているはずだっていう考えだよね。

学生9——そうです。ある程度は。

ある程度っていうのがちょっとよく分からないけど、でもソクラテスは、心と身体は全然違うじゃないかと論じていますよね。なぜならば、それは使うものと使われるものの関係で、使うものと使われるものは別々だからだと。君が鉛筆を使ったとしても、鉛筆と君は全然違うでしょう？　それと同じように、君と身体は違うはずだ。こういうソクラテスの論理を認めたら、魂が愛されるだけで満足しなきゃいけないでしょう？

学生9——関連の深さも問題なのかなという気がしていて。わたしと鉛筆よりは、わたしの魂と身体の方が密接に関係しているっていう問題じゃないかなと思う。

密接度の問題も関係するのかもしれないんだけど、たとえ密接であっても密接でなくても、使うものと使われるものが別物なのはたしかじゃないの？　程度の差はあるかもしれないけどね。鉛筆はいつも使っているわけではないから関係は薄いかもしれないけど、メガネとか差し歯だとか虫歯の充填物《じゆうてんぶつ》とかはいつも使っているから関係はもっと深いよね。でもそういうことはたんに程度の差であって、別物だということに変わりはないとソクラテスは考えると思うんです。君自身を愛するということはあくまでも、君の魂を愛するということなんだとソクラテスは言うんですね。

学生9——その人の身体が犬になっちゃっても？

そうそう。そんなのになってもいいよとソクラテスは言うんだよ、たぶん。ウソかホントか知らないけども、とにかくそう言うわけだよね。心と身体は、使うものと使われるものの関係だからはっきり別物だと考える以上、身体が犬であろうが関係ないということになるよね。ほかには何かありますか？

何が変化するか？

学生8——一ついいですか？　自分の身体は常に変化していて、生まれた頃とはぜんぜん違っているし、性格も変わるものですよね。そしたら、わたしっていうのは常に変わっているものですよね。それで、ソクラテスが「君がどう変わってもぼくの愛は変わらない」と言うんだから、ソクラテスが愛しているものは不変なものなんじゃないんですか？

そうです。

学生8――そうすると、わたしの中にはソクラテスが愛するような不変のものがあるということですよね。でも、わたしの性格も身体も変わり続けていて、わたしは変わり続けていますよね。だから不変なものっていうのは、わたしではないものになりませんか？　とすると、わたし自身とは別に不変のものがあるっていうことですよね。そうすると、不変なのはわたしの所有物っていうことになって、ソクラテスはほかの男と同じようにアルキビアデスの所有物を愛してることになるんじゃないんですか？

その不変なものというのは君自身じゃないの？　君の所有物は、財産も性格も身体も、全部変わるんだよ。

学生8――その変わるものがわたし自身じゃないかと思うんです。

じゃあ、財産が変わったら、財産も君自身なの？

学生8――それは別です。

それは別だよね。それと同じことが、身体についても性格についても言えるでしょう？

学生8——でもわたしの身体や性格が変わったら、わたしが変わったことになるんじゃないんですか？

あっ、そうか！　そういうことを言いたかったんだね。たしかに、たとえば君が急に聞き分けがよくなったりして性格が変わったら、「人間が変わった」とか「君は変わったね」という言い方をするよね。そういうことだよね？　だから変わるのは君自身だと言いたいんだね？

学生8——そう。

そういう場合は、君の性格ががらっと変わったという意味ですよね？　君が別の人になっちゃったという意味ではないよね？

学生8——はい。

一般に、何かが「変わった」というときに二通りの意味というか、二通りの言い方があるんですね。たとえば、秋になってもみじが紅葉するという事実を「もみじが変化する」と表現することもあるし、「もみじの色が変化する」と表現することもある。同じ事態を表現するのに二通りの表現があるんですね。人間の場合も同じです。たとえば、君の性格が変わる場合なら、「君が変わる」とも言うし、「君の性格が変わる」とも言うんですね。

この場合、「君が変わる」といっても、君が別人になるという意味じゃなくて、君の性格が別の性格になるという意味です。だから、君がいつも変化していると言っても、それは、君が別人になっているという意味じゃなくて、君の性格や身体が変化しているということなんです。君が君自身であることは不変なんです。その意味で、君自身は不変なんです。つまり別人に変わるわけではないという意味でね。いいですか？

学生12――身体が変わっても性格が変わっても、アルキビアデスであることは変わらないんですね？

そうですね。

学生12――じゃあ、どうなったらアルキビアデスであることが変わったと言えるんですか？

難しい質問だね。ぼくもよく分からないんですよ。ふつうの変化が起こっても、別の人になるわけではないんだけど、その人がその人であることをやめるというのは、死ぬとか、そういうようなことがないといけないように思うんですね。でも、たとえ死んでも、もし死後も魂が存続するなら、その人はその人であることをやめるわけではないということになるだろうけどね。魂が変わるというのも同じだと思います。

学生12――アルキビアデスであることをやめるってことがそんなに特殊なことなら、魂が変わってもほかの人には分からないんじゃないかと思うんですけど。

そうですね。他人が変わったことに気づかないというより、そもそも魂が変わるということがどういうことかがぼくらには理解できないんです。魂が変わるということは理解できないくらい、ありえないことなんですよ。

これはソクラテスにとっては好都合なんです。アルキビアデスの魂をほかの人の魂と入れ替えるということがありえないほど、アルキビアデスとアルキビアデスの魂は一体で切り離せないということになるんだからね。ちょうど、アルキビアデスを別の人と入れ替えるということが理解できないのと同じで、アルキビアデスの魂をほかの人の魂と入れ替えるということも理解できない。アルキビアデスがアルキビアデスであることをやめたり、彼の魂が彼の魂であることをやめるのは、死ぬこと以外に考えられない。魂が別の魂になるというのも、消滅してしまうということ以外に考えられない。別の魂になる、ということがそもそも意味をなさない。こういうことは、アルキビアデスとその魂が同一だということを示しているとしか考えられない。ソクラテスはこう考えるだろうからね。

いいですか？　ほかには何かありますか？　私はこういうふうに考えるという意見はないですか？

使う・使われるの関係から何が言えるか？

学生7――ソクラテスにダマされてるような気がする、って前に言った人がいましたけど、わたしもそう感じたんですけど。そもそも、使うものと使われるものが違うっていうことを、道具を使う場合で説明して、それを手を使う場合にも使っているんですけど、そこが納得できないんですけど。

なるほど。じゃあ、こう言ったらどうなのかな。ソクラテスは、道具の場合を考えて、「使うものと使われるものが別物だということは明らかだ」ということをまず確認します。そこから、「一般にどんなものであっても、使うものと使われるものは別々のものである」ということを導いています。そのことから、手の場合も、「使われるものと使うものは別物である」と結論づけている。この論証のどこに飛躍があると思いますか？飛躍がありますか？

学生7――全くおかしいと思うんですけど。

どこが？

学生7――だって、道具と自分っていうのは明らかに違うじゃないですか。

でも、使う・使われるという関係が成り立っている点ではどちらも同じだよね。道具を使う場合と手を使う場合は違うと君は考えるんだよね？　どこが違うの？

学生7――手は自分自身だと思う。

でも、手を失ったとしても、自分は失われたわけじゃないよね。

学生7――そうですけど、魂が身体を動かしてるっていうことにはならないんじゃないですか？

でも、「手を動かす」と言うでしょう？　「手を動かす」っていうのと、「手が動く」っていうのは違うよね。

学生7――違うときもあるし、同じときもあると思います。

ああ。手を動かしてる場合を、「あの人の手が動いた」って表現する場合もあるってこと？

学生7――哲学者って、観念的に考えすぎる傾向があると思う。

ぼくは、哲学者は考えが足りないと思うんだけど。まあ、いいや。

学生7――たとえばテニスをやっていたとして、わたしはその一番理想的な状態は、何も考えていない状態だと思うんですよ。手の動かし方とか、相手のどこを狙おうとかを考えないで、理想的な動きをするような状態っていうのがあると思うんですけど。

その場合、テニスのラケットは、その人の手の延長みたいになってるわけだね。そしたら、手とテニスのラケットとの区別は意識されないから、本質的な違いはないんじゃないのかと。何も考えなくても自然に動かせるくらいに使いこなしているという点では、ラケットも手も同じなんだから。こういうことを君は言いたいんだね？

学生7――はい。

それなら、ラケットについて成り立つことは手を使うということについても成り立つと考えてもいいんじゃないの？

学生7――でもそこでは、使ってるっていう観念自体がないと思うんですよ。自分自身と手やラケットが不可分になってて。

意識の上ではそうかもしれないね。でも、たとえばぼくらは胃で食べ物を消化するわけだけども、自分が消化してるっていう意識はないよね。自分が胃を使って消化してるんだっていう意識はないんだけど、胃が自分であるとは思わないんじゃないの？

学生7――そうですか？

自分の一部だ、くらいには思うかもしれないけど、胃が自分自身だとは思えないでしょ？

学生2――自分自身と自分の一部っていうのは違うんですか？

違うと思わない？　君は手足や目鼻をもっているけど、君の胃は手足や目鼻をもっているわけじゃないよね。だから、君の胃は君の一部かもしれないけど、君自身とは違うでしょう？　いいですか？　ほかに何か考えた人、いますか？

学生6――あの、それに関連してですけど、「AはBを使う」というときに、なぜ「AはBとは別物だ」ということになるんですか？　BがAに含まれている場合はないんですか？

うん、そうだね。たとえば、わたしが手を使う場合、手はわたしと同じか、少なくとも、わたしの一部だという可能性があるのではないかということだよね。

君が言った意味とは違うかもしれないけど、同じような疑問があって、たとえばアリストテレスがよく出す例なんだけど、「AがBを治療する」という関係を考えてみると、AとBはたいてい別々のものだよね。でも医者が自分で自分を治療することがあるでしょう？　だからいつも別々のものだとはかぎらない。こういうことをアリストテレスは言ってるんです。こういう例が「使う」の場合にもあるかもしれないんだけど、そういう例がありますか？

学生6――たとえばロボットが手を動かす場合はどうですか？　ロボットには心とか魂と

かがないから、使うものと使われるものが同じものになるんじゃないですか？

そうだね。でも、ロボットの場合はちょっと微妙だと思うんだよね。ぼくらはロボットについては、人間の場合と同じようなことば使いをするでしょう？「ロボットが歩く」とか、「ロボットが考える」とか「ロボットがしゃべる」とか。ただ物体から音声が出てくるだけだったら、ふつう「しゃべる」とは言わないよね。「ラジオがしゃべる」とは言わないでしょう？だからロボットは特殊なんです。工業ロボットは別だけど、人間みたいな形をしたロボットの場合は、心をもっているかのような言い方をすることがよくあるように思うんです。ロボットが計算したり、考えたり、迷っている、と言われるからね。

ふつうの物体を考えてみると、たとえば時計の針が動いても、「時計が針を動かす」とか「時計が針を使う」という言い方はしないよね。「動かす」とか「使う」という言い方は、心や魂がないと成り立たない言い方だという気がするんですね。だから「ロボットが手を動かす」とか「ロボットが手を使う」と言う場合は、擬人的にロボットが一種の心をもつものだと想定されているんだと思います。

そう考えると、ロボットの例は、人間と同じ例で、心が身体を動かす例だと反論される可能性があるんですね。いいですか？　ほかに自分が自分を使う例がありますか？　ちょっと思いつかないね。まあ、ここでは、そういう例はないと仮定するね。それで、君が言った問題はこうだったかな。「AがBを使う」とき、なぜAとBがまったく別々のものでなくてはいけないのか、BがAの一部に含まれていてもいいじゃないか、という質問だったよね。

学生6――はい。

つまり、わたしがカナヅチを使う場合なら、カナヅチとわたしは完全に別々のもので、一方が他方に含まれるという関係ではないよね。ちょうどチキンライスがオムライスに含まれるみたいな関係じゃなくて、チキンライスときつねうどんみたいな別物同士の関係ですよね。

で、ソクラテスの議論ではどうなっているかというと、道具を使う場合から出発して、そこから「一般に、AがBを使う場合にはAとBは完全に別々のものだ」という結論をまず出してますよね。その上で、それを人間の場合に当てはめて、「だから手を使ったり身体を使ったりする場合も、それを使う者と使われる身体は完全に別々のものだ」と推論しています。

でも実を言うと、この推論は疑わしいです。そもそも手とわたしが完全に別々のものだと言えるかどうかは微妙です。自明なことではない。さっきもだれかが言ったよね、靴屋の例と手の例はあまりにも違うって。

人によっては「手はわたしの一部だ」とか「身体はわたしと同じだ」と考える人がいてもおかしくないよね。そう考える人だったら、カナヅチの場合と手の場合の二つから、どういう結論を出すと思う？

学生6――使うものと使われるものが別物かどうかは場合によって違うと考えると思います。

そうだよね。その人は「AがBを使う」と言われる場合には二通りあって、AとBが完全に別々のものである場合と、そうでない場合がある、と結論づけただろうね。人間と手が完全に別物かどうかについては意見が分かれているんだから、ソクラテスがすべきことは、「人間と手は、人間とカナヅチの関係と同様、完全に別々のものだ」

ということを示すことです。ソクラテスは、実際にはそれを証明するために、「カナヅチの場合には完全に別々のものだ。だから、手の場合もそうだ」と議論しているんですね。

でも、カナヅチの場合と手の場合が同じなのか、ということがそもそも証明すべき問題なんです。「カナヅチの場合に言えることが手の場合にも言えるのか」ということがまさに解決されるべき問題なのに、「カナヅチの場合に言えることは手の場合にも言える」と前提して議論しているんだから、論点先取です。論点先取というのは、証明すべきことを前提する誤った論証でね、論点先取を使えばどんなことでも証明できてしまうんです。分かりますか？　この場合は「カナヅチの場合と手の場合は同じである」ということを前提して、「カナヅチと手の場合は同じである」と結論づけているんです。

だからソクラテスがやっていることは、たとえば、「ラーメンにコショウを入れるとおいしい。だから、うどんに入れてもおいしい」と主張するようなものです。うどんについてははっきりしたことを知らないんだから、ラーメンについて成り立つことはすべて、うどんについても成り立つと前提することはできないはずです。うどんの場合がラーメンの場合と同じなのかということこそがまさに知りたいことなんです。だから、それを知るためには、ラーメンとは独立に、うどんのことを調べなくちゃいけないんです。

何だか食べ物の例ばかりになっちゃったけど。
だから、ある場合に成り立つことが、ほかの似た場合にも成り立つと単純に前提してはいけないんですね。
ソクラテスの主張は、この箇所だけから考えると説得力に欠けるように思えますよね。どう思いますか？

学生6——そうすると、ソクラテスの議論は間違っているということなんですか？

本当を言うと、ソクラテスは「AがBを使うのだから、AとBは完全に別々のものだ。AがBを含むようなことはない」とただ断定しているわけじゃないんです。この授業で使っているテキストは抜粋だから省略されているんだけど、もとのテキストでは、ソクラテスがなぜそう言えるかを説明してるんです。その説明を見てみないとソクラテスが間違っているとは断定できないよね。それはこういう説明です。

「人間は〈身体＋魂〉ではない」——ソクラテスの証明

人間とは？

可能性１　身体
可能性２　魂
可能性３　身体＋魂

人間は三つのうちのどれかである。身体であるか、魂であるか、身体と魂を合わせたものであるかのうちのどれかである。図で表すとこうなります（上図）。

そして、「使う」という関係は、「支配する」という関係の一種だ。以上が前置きです。それで、「人間が身体を使う」つまり「人間が身体を支配している」と言えるから、人間は身体ではない。身体が身体を支配することはありえないから。いいですか？

学生6――脳が手足を支配しているとは言えないんですか？

でも脳と手足は違うでしょう？　たとえば主人が奴隷を支配する場合も、「人間が人間を支配する」とは言えるけど、支配するものとされるものは違うよね。支配するものとされるものが厳密に同じだとは言えないと考えられませんか？　脳が脳を支配するような場合があるのかどうかは分からないんだけどね、たぶん脳科学者もそこらへんは分からないんじゃないかな。このくらいでいいですか？

学生6——はい。

ソクラテスの議論に戻りますね。支配するものと支配されるものは違うから、人間は身体ではない。ここまで言ったんですね。

さらに、人間は身体と魂を合わせたものでもない。なぜなら「身体と魂を合わせたものが身体を支配する」というのは不合理だから。

こういうことを言っているんですね。最後のところは分かりにくいんだけど、たぶん、「身体と魂を合わせたものが身体を支配する」と言っても、「魂が身体を支配する」と言っているにすぎない、ということだと思うんですね。

たとえば国王と国民がいるとしますね。このとき、国王と国民とが一体になったものが国民を支配していると考えるのはバカげてるよね。国王が国民を支配すると考えるだけで十分でしょう？　たぶんこんなことを言ってるんだけど、これ、納得できますか？　ソクラテスはAとBを合わせたものがAを支配することはありえないと言うんです。だから、AとBを合わせたものがAを支配するという例を出せば、ソクラテスに反論できるんだけど、だれかそういう例を思いつきませんか？

学生6——たとえば、酸素と水素とを合わせたものは、酸素と全然違いますよね。そういうことが例になりますか？

そうだねぇ。酸素と水素が化合すると水になるよね。水はたとえば百度で沸騰するという性質をもっているけど、酸素は百度で沸騰するという性質をもっていないとか、水と酸素では性質がまったく違うよね。性質がまったく違うんだから、一方が支配してもよさそうだけど、水が酸素を支配すると言える場合はちょっとないよね。ほかにありますか？

学生6——さっき出たロボットの場合はどうですか。ロボットが手を動かす場合なんか。

それは例になりそうですね。ロボットの手はそれだけでは動くことはできないけど、他の部分と一緒になったものによって動かされたり支配されていると言えそうだから。

ほかにも、色々考えられると思うんです。君はお茶の水女子大学の一員だよね。そして君のほかに、色々な人や建物や規則や制度なんかが加わってお茶大になっていると考えられます。それで、そのお茶大が君から授業料を取っている。つまり、君と、別のものが合わさったものが、君から授業料を取っているんだよね。だから、お茶大が君を支配していると言えるよね。結局、君とほかのものが合わさったものが君を支配していると言えそうですね。

こういう例はほかにも考えられます。たとえば、ピアノラっていうのかな、ピアノに紙テープに穴を開けたようなものをセットすると、自動演奏する装置があるんですね。ピアノに紙テープが合わさったものが、ピアノの鍵盤を動かすんです。ピアノだけでは鍵盤は動かないし、紙テープだけでも鍵盤は動かないんだけど、両方を合わせると鍵盤が動くんだよね。だから両方を合わせたものがピアノを支配していると言えるんじゃないかな。

それから、アメリカ合衆国を考えてもいいですよね。アメリカはいくつかの州から成り立っていますよね。たとえばカリフォルニア州はほかの州と合わさってアメリカ合衆国を構成しているんだけど、合衆国とか連邦政府とかがカリフォルニア州を何らかの点で支配するということはありますよね。その場合、カリフォルニア州がほかの州から支配されているというのとは違って、カリフォルニア州がほかの州と一緒に作っている合衆国に支配されているんですよね。

こう考えると、ソクラテスの主張は十分な説得力がないように思えるんですね。みなさんはどう思いますか？

学生6――間違っているように思うんですけど、ソクラテスにも言い分はあるんですか？

そうだよね。そこで、ソクラテスの議論を補強するために、もう一つ別の理屈を追加したらどうでしょうか。

身体はわたしの一部か？

たとえば、事故で手がなくなったら君はいなくなるのかを考えてみてくださいね。手を義手にして、足も義足にしたとしても、君自身には何も減ったところはないよね。手足が失われたからといって、君が失われるわけじゃないよね。そのぶん人間が減ると思う？

学生2――減ると思います。

えっ！　君の手がなくなったら、そのぶん君自身が減ると思うの？

学生2――やれることが減って、生きがいとなることが減るし。

ああ、そういうことね。できることは減るかもしれないけど、君自身が減るわけじゃないよね。たとえば君が柱にぶつかってコブができたとするよね。コブができたら「君自身」が増えたと思う？　君が一人半とか、一・〇〇五人とかになるみたいに。

学生2――いいえ。

増えないよね？　たとえコブが君の一部だとしても。それから、君の脂肪は増えたり減ったりするでしょう？　それによって「君自身」が増えたり減ったりすると思う？

学生2――脂肪っていうのは無駄な部分なので。

でも、脂肪は必要でもあるんだよね。どう必要なのか知らないけど、必須栄養素の一つだからね。それに、冬眠するんだったら、脂肪はふつう以上に必要だろうしね。でも、無駄だとしても必要だとしても、脂肪が増えたり減ったりすると、君自身が増えたり減ったりするというわけじゃないでしょう？　無駄であってもなくても、君の一部かどうかには関係ないと思うんだよね。だいたい君自身が無駄かもしれないんだし。たとえば「歯は必要だから、歯が抜けたらわたし自身は減るけど、髪の毛の伸びた部分は無駄だから、髪の毛が伸びてもわたし自身が増えるわけではない」とは言えないよね。

学生2――それはそうですね。

歯が抜けるとか散髪するとか爪を切るとか、ガン細胞を切除するとか、腎臓《じんぞう》を摘出するとか、そういうことがあっても君自身が○・○一人分ほど減るというわけじゃないよね。

学生2――そうですね。

それから、心臓をほかの人の心臓と入れ替えたとするよね。そういうことができるかどうか知らないんだけど、移植技術で入れ替えたとするよね。そういう場合に、それでも君が別人になったとは言わないよね。

学生3――外見で言うと、生まれてから人間が形成されていくときに、外見が違ってきますよね。そうすると人間も生まれたときとは違うものになりますよね。

たしかに外見は変わるよね。知識や身体の大きさも変わるよね。人間って、生まれてから大人になるまで、細胞がどんどん入れ替わるらしいんだよね。ずっと同じまま留まってる細胞があるかどうか知らないけど、かりに全部入れ替わったとするでしょう？　そうしたら、生まれたばっかりといまでは似ても似つかないよね。でも、「生まれたばっかりのときは君じゃなかった」とは言えないでしょう？　身体を構成する細胞もまったく違うし、見た目もまったく違うんだけれども、君自身であると言えるよね。

学生5——細胞が全部入れ替わっても同じ人間だと言えるかもしれないんですけど、DNAは同じまま保存されているんじゃないんですか？

DNAを途中で変化させることはできるかどうか分からないんだけど、ウイルスや大豆のDNAは変えたりするよね。遺伝子操作とかいって。それと同じようにDNAを変えることができたとするね。その場合、ある人のDNAを変えたからといって、別人になるとは考えないよね、たぶん。だからDNAが同じということも絶対に必要というわけじゃないんじゃないかな。

かりにDNAは変えられないとしますね。その場合、「君のDNAが好きだ」と言われても自分が愛されているような気はしないでしょう？　それから、DNAがまったく同じ双子もいるけど、その双子は一人の人間だとは言えないよね。

学生3——あの、脳をまるごと別の人の脳と取り替えたら、ほかの人になってしまうんじゃないんですか？

脳を全部丸ごと取り替えた場合どうなるのかっていうのは、ぼくもよく分からないんだけどね。たとえば、ぼくが眠っている間に移植手術でブラッド・ピットの脳と入れ替えられたとするよね。そのあと目をさまして鏡を見たら、ブラッド・ピットの脳を入れられたぼくは何と言うと思う？　「あれっ、ぼくはブラピそっくりになっちゃった」と考えると思う？

学生12――いえ、逆に、「あれっ、ぼくはヘンな東洋人になっちゃった」と考えると思います。

違います！　たぶん、「ぼくは、急にハンサムな東洋人の顔になった。うれしい」と英語で考えるんだよ。だから、脳を入れ替えたら、「脳が入れ替わった」と思うよりも、「脳以外の身体が入れ替わった」と思うことになるよね、たぶん。そう考えると、ぼくはぼくの脳と同じだということになるよね。

こういうことは実際問題として可能かどうかは分からないけど、想像することはできます。これの応用問題で、脳を半分だけ入れ替えたらどうなるかとかね、いくらでも複雑な場合を考えることができるんです。こういう問題は「人格の同一性の問題」として議論されるんだけど、色んな意見があって決着がついていないんです。

でも、たとえば脳をちょっとずつ変えたとするでしょう？　ちょっとずつっていうのは、脳の一部分を切除してほかの人の脳を追加するとか、あるいは、そこの部分をコンピューターの小さいやつを入れて代わりにするとするでしょう。そうやってちょっとずつ変えていったとしたら、知能に変化があるかもしれないよね。計算がものすごく速くなったとか、そういうことはあるかもしれないけど、それでその人はまったくいなくなったとか、別の人になったって思う？　脳と君自身っていうのは密接な関係があるように思えるかもしれないんだけども、ちょっとずつ変えて、それを機械で置き換えていって、最終的にもとの脳が別のもので置き換わっても君自身がいなくなるわけではないと考えられるよね。実際にそういうことができるかどうかは分からないけどね。元の脳がなくなっても君自身は存続するんです。そう考えると、君自身と脳は違うっていう結論にならないかな？

学生3——でも、一度に取り替えたら、もう同じ人とは言えないですよね？

そうかもしれないね。でも、一度に取り替えるか、ちょっとずつ取り替えるかの違いをどう考えたらいいのか、ぼくもよく分からないんですね。この問題は、「テセウスの舟」と呼ばれていて、舟の一部を取り替えたとしても、たとえば板を一枚取り替えても、同じ舟ですね。それを何度も繰り返して、結果的に全部の板を取り替えても同じ舟です。でも一度に全部取り替えたら同じ舟とは言えないでしょう？

そういう問題と同じです。だから、こういう問題は脳にかぎった問題ではないんです。舟もそうだし、身体だって、ちょっとずつ入れ替えてもその人であることに変わりはないけど、一度に入れ替えられたら別人になってしまうように思えますよね。

脳の場合も、同じことが当てはまるわけです。脳が全部入れ替わるという結果は同じでも、どういうプロセスで入れ替わるかによって違いが出てくるんですね。

どう考えたらいいのか分からないんだけど、少なくともちょっとずつ入れ替えられたら、最終的に前の脳とまったく違うものになっても、同じ人間のままだと言えるような気がするよね。

学生3——でも脳を一度に入れ替えてもそう言い切れるのかどうか……。

なかなかあきらめないね。たしかにその問題が残るよね。たとえば、かりにこう考えたらどうかな。ぼくが眠っている間に、ブラッド・ピットの脳と入れ替えられたとするよね。その後、ぼくの脳に入っていた情報を全部ぼくの頭の中のブラッド・ピットの脳にコピーしたとするんです。そうしたら、目が覚めて鏡を見たとき、ぼくはどう考えると思う?

学生12――その場合なら、「今日もヘンな東洋人のままだ」と日本語で考えると思います。違うでしょう！「相変わらずハンサムだ」と考えるよね。つまり、ふつうに目をさますときと変わりないんです。ぼくは土屋のままだと思うんだからね。ということは、ぼくは脳と同じじゃないよね。なぜかというと、ぼくの頭の中にはブラッド・ピットの脳が入っているんだけど、ブラッド・ピットになったわけじゃないからね。むしろどっちかというと、ぼくは脳の中に入っている情報と同じということになるんじゃないかな。その情報が入っている方の人間が、自分は土屋だと思うんだからね。そう思いませんか?

学生12――そうなると思います。

でも、脳の中の情報が自分だとすると、ヘンなことになるんです。情報ならいくらでもコピーできたり、消去したりできるよね。そうすると、ぼくの脳の情報をいろんな人にコピーしたり、ハードディスクやロボットにコピーしたら、ぼくが何人もいることにならないかな。記憶装置にコピーした後、ぼくの脳から消去して、一年後にまたコピーして復活させることだってできることになるしね。

学生12——でも、情報だけを抜き取ったりコピーしたりすることが科学的にできるんですか?

科学的に可能かどうか知らないんだけどね。たぶん、それぞれの脳によって細胞の数とかシナプスとか、構造的に違いがあるから、自由にコピーしたりすることはできないかもしれないね。絶対に不可能だという証明もされていないように思うけどね。

じゃあ、別の角度から考えたらどうだろう。アメーバみたいな生物だったら、細胞分裂して同じものが増えていくよね。人間もかりにそうだとしたらどうだろう。

そういう場合が考えにくいなら、将来、科学が発達して、身体を原子レベルまで複製を作ることができるようになったと考えてもいい。そういうことが可能かどうか知らないんだけど、SFなんかで出てくるよね。そういうことが技術的にできるようになって、脳も含めて、君と原子レベルまでそっくりなコピーを作ったとします。そうしたら、君はそのコピーを見て、「あ、わたしは二人になっちゃった」と言うと思う？　「あそこにわたしがいる」って思う？

学生12――そうは思わないです。

そうだよね。たぶん、わたしにそっくりな人がいる、とは思うだろうけどね、自分が二人の人間になったとは思わないよね。

君が右手を上げようと思っても、君のコピーの手が上がるわけじゃないし、自分が転んだら痛みを感じるのはコピーじゃなくて自分だよね。そのコピーがまた原子にバラされても、君が君であることに何の変化もないよね。だから、君と君のコピーとは別々の人間だと思えます。

もし君が身体と同じだとしたら、身体が二つになったとき「わたしは二人になった」と言わなきゃいけないでしょう？　結局ね、身体が変化しようと身体が増えようと、君自身は君自身のままなんです。君が一人の人間であるという事実は変わらないでしょう？

こう考えると、君は身体と完全に同じだとは言えないよね？　ちょっとずつ入れ替えるかいっぺんに入れ替えるかで違いが出てくるから、疑問は残るけどね。

それから、身体と心を合わせたものが君だとも言えない。なぜかというと、やや疑問はあるけど、身体が変化しても君が君であることには何の影響もないんだから。ちょうど、どんなに服を替えても、君が別人になるわけじゃないのと同じなんだから。

これをもうちょっと説明しますね。人間が魂と身体を合わせたものだとします。分かりやすくするために、人間をX、魂をY、身体をZと記号で表して、X＝Y＋Zが成り立っているとします。これが成り立っているなら、Zが変化すればXも変化するはずです。でもZが変化してもXに変化がないんだから、X＝Y＋Zは成り立っていないことになります。つまり、身体（Z）がどう変化しても人間（X）に変化がないなら、身体は人間に関係がない。だから、人間は魂と身体を合わせたものとは言えない。

こういう論証をソクラテスの議論に付け加えることも考えられます。ただ、この論証には疑わしい箇所もあるし、それも一箇所だけじゃないと思うんですね。だから本当は信用できないんだけどね。

学生8——疑わしい箇所って、脳を一度に入れ替えるというところですよね。それ以外にもあるんですか?

一つだけ言うと、「身体と魂を合わせたもの」と言うんだけど、「合わせたもの」と言ってもあいまいだということです。「合わせる」と言っても色々あって、たとえば「鉛筆を二本合わせて束ねる」とか「赤のボールペンと黒のボールペンを合わせて一本のボールペンを作る」とか「醤油《しょうゆ》と酢を合わせたもの」とか「赤色と黄色を合わせた色」とか、他にも、「酸素と水素を合わせた水」とか「板を何枚か合わせて作った舟」とか「天板と脚を合わせて作った机」とか、奇妙な言い方かもしれないけど、「三角定規はプラスチックと三角形という形が合わさってできている」とか、さまざまなんです。

これだけ色々な場合があるから、「人間は魂と身体を合わせたものと言えるか」という問題も、「合わせる」をどういう意味で考えるかによって答え方も違ってくるんじゃないかと思うんです。

こう考えると、「身体が変わっても人間は変化しない」とある程度は言えても、「人間は身体と心を合わせたものではない」と簡単には言えないように思えます。

結論として言うと、こういう論証を付け加えても、ソクラテスの「AがBを使うなら、どんな場合にも、AはBとはまったくの別物だ」という主張を補強するのはかなり難しいと思うんですね。

ほかに気がついた点がありますか？

「A≠C、B≠CゆえにA＝B」は正しい？

学生13――考えたんですけど、「わたしは身体ではない」と「心は身体ではない」ということから、「ゆえにわたしは心である」という結論を出しているところが間違っていると思うんです。たとえば「ネコは人間ではない。イヌは人間ではない」ということから、「ネコはイヌである」は出てきません。

その通り。それも反論になるよね。一般に、「AはCではない」と「BはCではない」ということから「AはBである」は出てきませんよね。この推論は形式的には成り立たないです。

ただ、このテキストの場合は少し違うところがあります。問題になっているのは「わたし」と「心」と「身体」の三つで、「わたし」も「心」も「身体を使うところのもの」であるという点で一致する。だから「わたし」と同じなのは「心」だ、と結論づけていると考えられるよね。こう言ったらどうですか？

学生13――でも、「ＡがＣを使う」「ＢがＣを使う」ということからも、「ＡはＢと同じである」は出てこないんじゃないんですか？　たとえば、ＡさんとＢさんが同じ自転車を使う場合、ＡさんもＢさんも「この自転車を使うところのもの」ですけど、ＡさんとＢさんが同一人物とはかぎらないでしょう？

その通りだよね。でもそれでもまだ、ソクラテスにも言い分があるんです。ソクラテスが問題にしているのは、「イヌとネコと人間」とか「ＡとＢと自転車」のように初めから三つの別々のものが出てくるケースではないんですね。ここで問題になっているのは、「わたし」と「身体」と「心」で、この三つは密接に関係していて、一つの全体を構成しています。その三つの間の異同が問題になっているんですね。実際、「わたし」は身体や心と何かつながりがあるように思えませんか？　「わたし」というものが身体とも心とも無関係だということは考えられないでしょう？　そこでソクラテスは、「わたし」は身体と同じなのか、心と同じなのか、ということを問題にしていると考えられるんです。そこが「AとBと自転車」の場合とは違います。

このテキストではそこまで説明していないけど、もしつっこまれたらソクラテスはそう説明するかもしれないよね。それで納得できますか？　ちょっとややこしいよね。もっと説明しますね。かりに、ソクラテスがそう答えたとします。それで納得できるかどうか、考えてみたいんだけどね。

ソクラテスは、「わたしは身体を使う」「魂は身体を使う」の二つから「わたしと魂は同じだ」という結論が出てくる、と主張しているんだけど、「わたし」と身体と心の三者の関係に似たケースを考えてみますね。たとえば、「お茶の水女子大学がこの建物を使っている」とか「この建物はほかの大学じゃなくてお茶大が使っている」と、そういう言い方をします。いいですか？　でも、それとは別に、「教職員や学生がこの建物を使っている」つまり「お茶大の構成員がこの建物を使っている」と言うこともできます。いいですか？

ソクラテスの論法だと、「使うものと使われるものは違う」はずだよね。そうすると、

「お茶大が建物を使う」ということから「お茶大と建物は違う」ということが出てくるし、「お茶大の構成員が建物を使う」ということから「お茶大の構成員と建物は違う」ということが出てきます。これは正しいですか？　まず「お茶大の構成員と建物は違う」はどうですか？　これは正しいですよね。お茶大の構成員と建物が違うことは明らかだよね。構成員は人間だけど、建物は人間じゃないんだからね。それから次に「お茶大と建物は違う」の方はどうですか？　これも正しいよね。お茶大は建物とも違うから。

学生5――お茶大はこの建物と同じじゃないかもしれないけど、建物を全部合わせたものじゃないんですか？

でも、建物を全部建て替えても、お茶大がほかの大学になるわけじゃないでしょう？　全部の建物が火事で全焼したとしても、お茶大が消滅したわけじゃないよね。また建てればいいんだから。テントでもいいんだし。それから、どこかに移転することもありうるよね。移転して建物と敷地が変わっても、別の大学になるわけじゃないよね。だから、お茶大は建物を全部合わせたものとも違うでしょう？

学生5――そうですね。

そうすると、お茶大も、お茶大の構成員も、建物とは別物だと言えます。さらに、どちらも「この建物を使うところのもの」だと言えます。いいですね？

そうすると、ソクラテスの論法だと、「お茶大とお茶大の構成員はどちらも建物を使うところのものだから、お茶大はお茶大の構成員と同じである」と言えるはずです。でもこれは成り立つと思いますか？　ソクラテスの論法を使うと、同じであるという結論になるけど、でも、お茶大とお茶大の構成員は同じですか？　お茶大の構成員はどんどん変わるわけですよね。学生は何年かすると入れ替わるし。

学生5――学長は？

学長が替わっても、お茶大はお茶大のままでしょう？　学長が替わるたびに別の大学になってしまうわけじゃないからね。教職員が全員替わっても別の大学になるわけじゃないんです。五〇年前にお茶大にいた人からすれば、教職員も学生も学長も全員、入れ替わっていますけど、それでも、お茶大が別の大学になったわけではないでしょう？

お茶大の中にいる人がどんなに変わっても、お茶大であることには変わりがないんですよね。だから、お茶大の構成員とお茶大の二つは同じであるとは言えないわけですよね。いいですか？　分かりますか？

それなのに、ソクラテスの論法をそのまま使うと、お茶大とお茶大の構成員が同じだという不合理な結果が出てくるんです。だから、ソクラテスの議論の構造にどこか間違いがあるんじゃないかと言うことができますよね。

学生7――あの、お茶大というのは構成員でもなくて建物でもないなら、結局、何なんですか。

何なんだろうね。ぼくもよく分からないんだよ。ただね、たとえば「机とは何か」と聞いたとするよね。そうして、机は天板の部分でもないし、脚の部分でもない。じゃあ、机とは何なのか、どこにあるのか、こう問うことが考えられるよね。

お茶大とは何かと問うときも、それと似ている面があるような気がするんですよ。しかも、お茶大の場合は、机よりももっと複雑で考えにくいんです。たとえば、会社とか、野球チームとか、色んな団体、たとえば全国ラーメン愛好者連盟みたいな団体とか、それらが何なのかと問うとしますね。そうすると、その団体を構成している人ではないですよね。構成員が入れ替わっても別の団体になるわけじゃないからね。それから建物でもない。別の建物に引っ越しても別の団体になってしまうわけではないから。組織の規則みたいなものでもない。規則を変更しても、別の団体になるわけじゃないから。そう考えると、団体とはいったい何なのか。このように、一筋縄ではいかないんですね。だから簡単には答えられない、ってことで今はがまんしてもらうしかないんです。それで、ソクラテスの問題に戻りますね。

お茶大の場合で考えると、ソクラテスの論法は成り立ちません。「お茶大が建物を使う」と「お茶大の構成員が建物を使う」の二つが成り立っているのに、「お茶大はお茶大の構成員と同じである」ということが成り立たないんだからね。

このことから、ソクラテスの議論は間違っていると言ってもいいと思いますか？ぼくはそうは言い切れないように思うんだけど、だれか、どうですか？

学生6――あの、ソクラテスが言っているのは、人間は身体と同じか魂と同じかどちらかだ、ということですよね。お茶大の場合は、さっきの話だと、建物と同じでもないし構成員と同じでもないんですよね。

そうそう。そこが、大学の場合と人間の場合との違いだと思うんですね。大学の場合は、構成員が入れ替わっても建物が入れ替わっても別の大学にはなりません。

でも人間の場合はそれとは違うように思うんです。人間は身体が入れ替わっても別人にはならないと考えても、まあいいとしますね。疑問はあるけどね。でも、魂が入れ替わったら、確実に別人になってしまうんです。魂が入れ替わるということは想像を絶しているんだけど、前にも言ったように、魂が入れ替わったら、もう本人ではなくなるんです。

だから、大学の例と人間の例はちょっと違うんだよね。大学の場合は構成員とも建物とも同じではないけど、人間は魂とは同じように思えるからね。いいですか？　そう考えると、大学の例をいくらもち出しても、ソクラテスに対する反論にはならない。こう思うんですね。ソクラテスに反論しようと思ったら、ソクラテスが考えているのと違う例を出しても反論として役に立たないんです。ややこしいけど分かりますか？

実はね、この問題は奥が深い問題なんです。ソクラテスの議論が正しいかどうか、決着をつけようと思ったら意外に大変なんですよね。本当はアリストテレスの解決も考えた方がいいんだけどね。でも説明すると長くなるから……。

学生12――えー、知りたい。アリストテレスはどう考えたんですか?

知りたい? じゃあ、簡単に説明しますね。たとえば家を例にとってみます。全部レンガでできているとします。その場合、レンガがいくらあってもそれだけでは家じゃないよね。適当に組み合わせないと家とは言えないからね。どう組み合わせたら家と言えるかというと、住む人や財産を風雨から守るようにレンガを組み合わせたときには家と呼べると考えてもいい。つまり、レンガがこういう保護機能を果たすときに家になったと言えますよね。

とにかくアリストテレスはそう考えます。そうすると、一個一個のレンガを別のレンガに入れ替えても、たぶんその家であることに変わりはないけど、保護機能を失ったらもはや家とは言えないよね。

人間の場合も、家の場合と同じだとアリストテレスは考えるんです。その場合、家の保護機能に当たるのは魂で、レンガに当たるのが身体で、家に対応するのは人間だと、

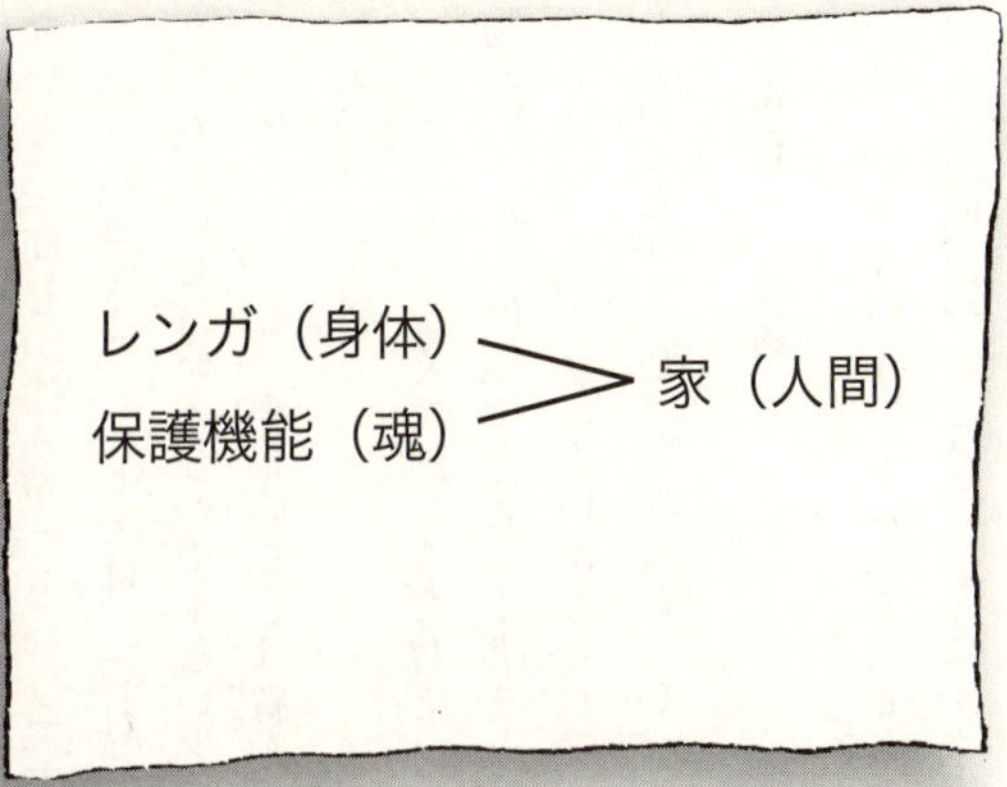

こう考えるんですね。図にするとこうなります（上図）。

そうすると、レンガが変わっても家であることに変わりがないのと同じように、身体が変わってもわたしであることに変わりはないですね。でも、魂が変わったら、もはやわたしとは言えない。これは保護機能を失ったらもはや家とは言えないというのと同じです。

学生12――そうすると、アリストテレスは、人間と魂は違うと考えるんですか？

それが微妙なんです。たとえば家と保護機能は同じか違うかというと、厳密には同じではないけど、別物でもないよね。ちょうどヴィーナスの形とヴィーナスの大理石像が同じか違うかという問題と同じで、「同じ」とか「違う」ということをもっと細かく区別しないと、「同じか違うか」という二者択一では答えられないとアリストテレスは考えると思うんですよ。たとえば「これこれの意味では同じだけど、これこれの意味では違う」みたいな言い方しかできないとアリストテレスは考えるでしょうね。身体にしても、詳しいことは省《はぶ》くけど、本当は、人間と身体は違うと単純には言えないんです。

すっきりしなくて悪いんだけど、もっと細かい区別を立てないと、単純に「同じか別物か」という問題で考えてもあまり意味がない、とアリストテレスは考えていると思うんですね。分かりにくいかもしれないけど、われわれの考え方が大雑把すぎることはたしかだとぼくも思うんだよね。いいですか？

学生12――はあ……。

ほら、こういうことに立ち入るとやっぱり厄介なことになるでしょう？　アリストテレスの説明はやめるけど、とにかく簡単に解ける問題じゃないことは分かりますか？　だから、ソクラテスの議論が正しいかどうかは、簡単には片づかない問題なんですね。

もアリストテレスみたいな考え方も検討しなきゃと思っていると、いつまでたっても、もとのソクラテスの議論が正しいかどうか決着がつかなくなるから、困りますよね。ソクラテスに口説かれても、それが納得できるかどうかを判断するのに何カ月も何年もかかるんじゃゃね。

ただ、ソクラテスはそうやっていろいろ考えさせることを本当は狙っていたという可能性も高いと思うんだけどね。

ことばの問題

そこで、ぼくはここでは、これまでのとは違う角度からソクラテスの議論を考えてみたいんです。それをみなさんに検討してもらいたいんです。簡単な反論なんだけど、それはこうです。

ソクラテスは、アルキビアデスと魂が同じだと議論しているけど、その基になっているのは、結局、ぼくらの使っていることばづかいです。たとえば、「アルキビアデスは身体を使う」とか「魂が身体を使う」といったことばづかいをわれわれはしています。

「魂が身体を使う」という言い方はふつうはしないけど、色んなことを考えると、そう言わざるをえない気になるんですね。

　ソクラテスの議論はそういうことばづかいを基にして結論を出しています。ソクラテスは、「〈アルキビアデスが身体を使う〉とか〈魂が身体を使う〉という言い方がある。ゆえにアルキビアデスは魂と同じである」と論じている。つまり、われわれのことばづかいから事実がどうなっているかを導き出しているんです。いいですか？

　これは不合理だと思いませんか？　たとえば人間や馬みたいな足をもった動物については「走る」ということばを使いますね。そのことから、「自動車が走る」という言い方をするんだから、自動車は足をもっていると主張する人がいたらどう思いますか？その人はまた、「自転車が走る」とは言わないから自転車は足をもたないとも主張するんです。これはバカげているでしょう？

　ぼくらがどういうことばづかいをするかは偶然的に決まることです。それを基にして事実がどうなっているかを推理することは、ふつう、できません。「今日は晴れている」ということばをいくら分析しても、実際に晴れているかどうかを調べることはできないんだからね。

ぼくらは「太陽が昇る」という表現を使うけど、そのことから「太陽が地球の周りを回っている」という結論を引き出すことはできません。ことばづかいを基にして、太陽と地球の間の物理的な関係について何か結論を引き出すということはできないんです。

もっとばかばかしい例を考えると、「腹が黒い」という表現があるからといって、腹は色をもつという結論を導くことはできません。

ソクラテスの場合、「アルキビアデスが身体を使う」という表現を利用しているんだけど、こういうことばづかいがあるかないかということは偶然的なことなんです。われわれが使っている言語がどういう表現を認めるかということは偶然的に決まることなので、「アルキビアデスが身体を使う」というんじゃなくて「アルキビアデスが魂を使う」という表現を使うようになっていたとしてもおかしくないんですね。ことばづかいは人間の間の偶然の約束です。その約束事を基にして、実際の事実がどうなっているかということは一般に推測できないと思うんです。

かりに、ことばづかいから事実を導けるとするよね。そうすると、ぼくらは「アルキビアデスは身体を使う」という言い方もするけど、でも「アルキビアデスは六〇キロの重さがある」という言い方もします。もしことばづかいから事実を導けるのなら、「六

○キロの重さをもつ」という言い方があるんだから、アルキビアデスは魂でも心でもないということが結論として出てくると考えなきゃいけなくなります。魂も心も重さをもたないんだからね。この言い方からは「アルキビアデスは身体である」という結論が出てくることになります。

あるいは、「アルキビアデスは柱にぶつかる」という言い方をします。でも、魂が柱にぶつかるということはありえないから、ぶつかるのは身体ですよね。「アルキビアデスが窓から落っこちる」と言うときもそうです。窓から落っこちることができるのは物体だけだから、アルキビアデスは心でも魂でもなくて身体だという結論が出てきます。

このように、アルキビアデスが魂なのか身体なのかという問題は、どのことばづかいを考えるかによって結論が変わってきます。だから結局、ソクラテスの議論で問題なのは、ことばづかいから事実を導くところだと言えそうに思えますよね。

どうですか？ こう考えたらソクラテスに反論できると思いますか？

学生13——でも、事実はことばで表すしかないですよね？

そうですね。

学生13——ことばで事実を決めることはできないけど、事実はことばでしか表せないということに変わりないんですね。そして考えるときはことばを使うしかないんですね？

だいたいはそうです。

学生11——図で表すということはないんですか？

図で表すこともあります。図っていうのは、事実と何らかの対応関係があって、それによって事実を表すことができるんですね。分かりやすい例で言うと、地図を考えればいい。地図は、実際の空間的な関係を絵とか写真で表すんだけども、その場合、事実と地図の間には対応関係があります。もし地図が事実と対応していなかったら、その地図が間違っていたということになります。地図が正しいかどうかは、地図だけを調べても分かりません。事実と照合しないといけないんですね。

図だけじゃなくて、楽譜もそうです。ベートーヴェンの「運命」と楽譜の間に一音一音対応関係があって、それによって楽譜が「運命」を表しているんですね。

でも一番よく使われるのはことばです。文です。文によって事実を表すんだけど、正しく表しているかどうかは、つまり、文が真か偽かは、事実を調べなきゃいけないんですね。文だけからは判断できないんです。

学生13――ことばを調べることと、事実を調べることとは違うんですね。その区別は自然科学だと分かりやすいと思うんですけど、哲学だとちゃんと区別できるんですか？

そこが重要な問題なんだよね。われわれは、「心」とか「魂」とか「身体」とか「アルキビアデス」とか「同じ」とか「別々」ということばが何を意味するのか、はっきり分かっているわけじゃないんです。「机」ということばが何を指すかということだって、そんなに簡単じゃないからね。だから、アルキビアデスと魂と身体が、実際にどう関係しているかという問題を考えようとすると、まず、何が問題になっているかを知らなきゃいけないんだけど、そのためには、それぞれのことばが何を意味するかを明らかにしなきゃいけないんです。

単純な例で言えば、「本とサルサルパーはどういう関係にあるか」という問題があったとします。その場合、「サルサルパーというのは何か」ということがまず問題になりますよね。それを知らないと、事実を調べようにも、どういう事実を調べたらいいのか分からないからね。かりに、本の背の端の部分のことを「サルサルパー」と言うんだとしますよね。たぶんこれは別の名前があると思うんですけど。ぼくが勝手にいま作ったんだけどね。サルサルパーと本の関係がどうなってるかという事実を解明しようと思ったら、サルサルパーというのが何であるかをまず調べないといけないでしょう？　それをどうやって調べるかといったら、サルサルパーということばの意味をまず調べないといけない。その部分はことばの分析なんですね。何をサルサルパーと呼ぶかが分かったら、それで初めて「サルサルパーと本の関係がどうなっているか」という問題を解決するためにどういう事実を調べたらいいかということが分かるんですね。

学生13——その「サルサルパー」は本の背の端の部分のことだというのはどうやって調べるんですか？

いろんな人に聞いてだろうね。「サルサルパー」ということばは単純なので、たぶんそれを知ってる人と知らない人がはっきり分かれると思うんですよね。知っている人が「それは背のこの部分のことだよ」と説明すればそれで分かるよね。「サルサルパー」ということばや特殊なものの名前とかの場合は、本を作る業者であるとか、専門家がいて、そういう人が決めたんだろうから、専門家に聞かなきゃいけないということになりますよね。とにかく、「サルサルパー」の意味を調べる調査と、実際にサルサルパーが本とどういう関係にあるかを調べる調査とは違います。

サルサルパーの場合は簡単なんだけど、でも、たとえば「心」ということばは簡単にはいかないんです。たしかに「心」ということばは、だれでも知っていて、心理学の専門家しか知らないということばではない。子どもでも「心」ということばは理解できます。「心」ということばを含む表現を聞いても理解できるし、「心」ということばを使うこともできるしね。

そういうことばの場合、哲学の中で「心とは何か」とか「心と身体はどういう関係になっているか」ということを問題にするときに、問題になっている「心」ということばの意味はだれもが知っているから、だれに聞くというわけにもいきませんよね。

だから自分で分析してみるしかないんだけど、実際には、「心」ということばはものすごく複雑で、簡単には分析できないんです。専門用語は簡単だけど、日常使っていることばは非常に複雑なんですね。

学生13——心とか魂とかについて事実を調べようと思ったら、まずことばを調べるしかないんですか？

その通りです。この場合に問題になるのは、「アルキビアデス」ということばも「身体」ということばもそうなんだけど、一番問題なのは「心」とか「魂」ということばになると思うんです。魂に関する事実を調べようと思ったら、「魂」ということばでぼくらは何を意味しているかということを調べなければいけない。それを調べるためには、「魂」ということばをぼくらがどういうふうに使ってるかということを調べるしかないんです。まあ、現代では「魂」ということばはほとんど使わないから、「心」でもいいんですけどね、そういうことばの使い方を調べなきゃいけないんです。「心」ということばは、たとえば「太陽」といったことばよりはるかに複雑なんですよね。太陽なら指させるけど、「これが心だ」と指さしたりできないしね。「心」ということばをぼくらがどう使っているかを調べるしかないんですよね。

学生13——そうすると、ことばに戻ってきちゃうんですか？

その通りです。でももっと大きい問題は、「心」や「魂」といったことばを調べた後に、調べるべき事実が残っているかどうかは疑わしいということなんです。「今日は晴れているか」とか「太陽が地球の周りを回っているか」という問題なら、事実を調べて解決することができますよね。でも、「人間は身体と同じか」という問題は、「人間」とか「身体」とか「心」といったことばが何を指すかということが分かったとしても、その後どういう事実を調べたらいいんでしょうか。

「事実」ということばはあいまいなんですけど、観察や実験によって明らかになるものを事実と呼ぶのがふつうなので、そういう意味だとしますね。そうすると、観察によって身体の構造があますことなく明らかになったとしても、この問題が解決するとは思えません。「人間は身体と同じか」とか「人間は心と同じか」といった問題は、事実を発見すれば解決するような問題じゃないんです。

これは哲学の問題の特徴です。観察や実験によって解決できるような問題なら、自然科学やいろんな科学が扱うことができますけど、それでは解決できないような問題が哲学の問題なんです。

だから、人間が身体とは別物だとか同じだといった結論が出ても、それは観察の結果得られたものじゃないんですね。それは「人間」とか「身体」ということばの意味の問題なんです。観察や実験によって決着がつくような問題じゃないんです。

納得のいかない人もいると思うんですけど、説明していると大変なことになるので、このへんにするしかないんですけど、断定的に言うとそういうことになります。

学生13——そうすると、ことばだけが問題なんですか？

そうなんです。哲学の問題はすべて、ことばを誤解するから生じるんだという立場もあるほどなんです。この立場だと、「人間」や「アルキビアデス」や「身体」や「心」といったことばの意味や、「同じ」とか「違う」ということばの意味がはっきりすれば、問題は起こらないと考えるんです。ぼくもこの立場に共感しているんですけど。

だから、「ソクラテスはことばから事実を引き出している」という批判の仕方は正確じゃないと思うんです。ソクラテスがやっていることは事実の解明じゃなくて、ことばの意味の解明なんです。でも残念なんですけど、どうしてそう言えるのかは、いまここでみなさんに納得してもらうようにきちんと説明することはできないんですね。結論だけ言うと、そうなるんです。いずれ別の機会に説明することがあると思います。

以上がぼくの考えです。ここから先はつけ足しになるんですけど、だいたいにおいて、ソクラテスは単純化しすぎる傾向があるようにぼくは思うんですね。たとえば、このテキストでも「使う」という表現を利用していますよね。「AがBを使う」と言われる場合、AとBは別々のものだと言えると主張しています。

でも実際には、「AがBを使う」と言われるときのAとBの関係はさまざまで、簡単にソクラテスのような結論は出せないんです。

たとえば、これはウィトゲンシュタインという現代の哲学者が言ってるんですけど、われわれは、計算をするときにいろんなものを使います。たとえば「そろばんを使って計算する」、こういう言い方をしますよね。計算をするときには、そろばんを使うこともあるし、電卓を使うこともあるし、それから子どものように「指を使って」計算するということもある。さらに「紙と鉛筆を使って計算する」ということもあるし、暗算する場合もある。暗算する場合は、「頭を使って計算する」と言ったりします。だから、計算するときに何を使うかは、こういう言い方をみれば、いろいろな可能性があるわけですよね。

ぼくらは計算するときに、こういういろんなものを使うんだけど、全部同じ意味で使っているわけじゃないですよね。そろばんを使う場合と指を使う場合だったら、比較的似ています。そろばんの珠も指も、数に対応しているという点で同じ機能をもっていると考えられるから、似ていると言えますね。でも、紙と鉛筆を使う場合は、指を使う場合とはまったく違います。ぼくらは、三とか五を指の数で表現するんだけど、「紙と鉛筆を使う」場合、たとえば「2＋3＝5」という計算をするのに紙二枚と鉛筆三本使うという形で使うわけではないですからね。紙と鉛筆を使うのは、「351×24」を筆算するような場合なので、「使う」と言っても、指を使う場合とはまったく意味が違いますね。

それから、「頭を使って」というのも、指を使う場合とも紙と鉛筆を使う場合とも違いますよね。指の場合は一〇本使えますけど、指と同じ意味で頭を使おうにも、頭は一個しかないので、一個しかないものをどう使って計算したらいいのかも分からないよね。まあ、髪の毛を使って計算することもありうるけどね。それから、頭を使う場合は「紙と鉛筆を使う」場合とも違います。頭に数を書いて筆算するわけじゃないからね。

こう考えていくと、「使う」という表現を使っても、「Aが計算するときにBを使う」という表現を使っても、「B」がそろばんか、指か、頭か、紙と鉛筆かによって、Bの役割も違うし、AとBの関係も違ってきます。

ソクラテスが問題にしている「身体を使う」場合を考えてもそうですよね。たとえばテニスでボールを打つのに「ラケットを使う」という言い方をしますね。それからボールを打つときに「手を使う」という言い方もします。でもその二つは同じ意味かどうかは疑わしい。「手を使う」といっても、ラケットをもたずに手のひらでボールを打つっていう意味じゃないから、「ラケットを使う」場合とは違うように思えます。それから、「この選手は足を使ってボールを打っている」とか「腰を使って打っている」という言い方をするけど、ラケットの代わりに足や腰でボールを打っているわけじゃないよね。「この選手は頭を使ってボールを打っている」と言っても、ラケットの代わりに頭でボールを打つわけじゃないし、頭でラケットをもっているわけでもないんですね。

こう考えれば、「AがBを使う」といっても色んな意味があることが分かります。AとBの関係もさまざまで、かなり複雑ですよね。その意味のうちでどれとどれが同じ意味でどれが違う意味か、ということもはっきりしないんですね。

ソクラテスはこういうところを単純化して、「AがBを使う」と言われるときは、いつも同じ単純な関係が成り立っているはずだと考えています。でも、こういう細かい区別を無視したら、意味のある結論は出せないと思うんですよ。アリストテレスの紹介をしたときも言ったけど、「同じ」とか「違う」ということばにしても、さまざまな意味があるんですね。そういう意味の違いを無視して、ただ「同じか違うか」を議論しても混乱を深めるばかりだと思うんです。

人間と身体は同じかという問題にしても、ある意味では同じで、ある意味では違う、という答え方しかできないように思うんですね。簡単に「同じか違うか」と問われても答えようがない。ちょうど、「お前は本を読んでいるのか、それとも活字を読んでいるのか」と問われても答えようがないのと似ています。かりに「〈本を読む〉と〈活字を読む〉は同じことだ」と答えたら、「でも本と活字は違う。AとBが違うのに〈Aを読む〉と〈Bを読む〉がどうして同じだということになるのか」というふうに、果てしなく問題が出てきて収拾がつかなくなってしまう。こうなってしまうのは失敗だとぼくは思うんです。失敗の原因は、最初から単純化した考え方で問題を立てているところにあると思います。

ぼくらは緻密《ちみつ》に考えることに慣れていないので、どうしても単純化して大雑把に考えてしまいます。ぼくがここでしゃべったことも、色々な点で緻密さが足りなくて、間違っているところも多いと思うんですね。正確に考えるのは難しいんです。でも正確に考えないと哲学の問題は解決できないんだから、苦しいところです。

いままでソクラテスに口説かれたらどう思うかということを考えてきたんですけど、どうですか？　これまでに経験したことがないような考え方だったと思います。分からないところもあったと思いますけど、ソクラテスの論理が正しいかどうかを判断するのは簡単なことではないことは分かってもらえたと思います。

そうすると、ふつうの口説き文句がありますよね、君の瞳がどうだといったような。そういうホメ方が、本当に自分をホメていることになっているのかどうかも疑わしくなってきませんか？　ふだん疑問にも思ってないような、当たり前に思えることを疑わせたり、色々な問題をつきつけたりするんだから、ソクラテスはすごい人だと思いませんか？

ソクラテスは、政治家、芸術家、職人、知識人などに向かって、この手の問いかけを死刑になるまでやり続けました。哲学を教える身になってみるとよく分かるんですけど、哲学に関心のない人を哲学的思考に巻き込んでしまうソクラテスの技量は神業としか思えません。

ソクラテスはほとんど独力で、こういう理屈の世界があることを発見しました。そこから哲学が本格的に始まったんです。

ソクラテスの影響が一番大きいと思うんですけど、哲学で何かを主張するときは、神がかり的なことを言っても相手にされません。相手にされるためには、理屈を並べてどんな人でも納得できるように説得しなくちゃいけないんです。そのときにどんな理屈を使ったらいいかは決まっているわけじゃなくて、自分で独創的な理屈を考えてもいいんです。ソクラテスみたいにね。いずれにしても、このゼミでやったような議論が必要になります。そういう議論を経てはじめて主張することができるんです。たいていは反論されるんですけどね。

この理屈の世界は深くて広く、迷子になることもあれば、急に展望が開けることもあって、スリルと面白さに満ちた世界なんです。落とし穴もいっぱいあるしね。

そういう世界にちょっとでも入って迷ってみると、自分の思考力に自信がもてなくなるでしょう？　そうじゃないですか？　ぼくも自信がもてないんですね。じゃあこれで終わります。

解説　哲学はおかしい

飯田　隆

もうだいぶ前になるが、土屋賢二さんの哲学論文集『猫とロボットとモーツァルト』（勁草書房）を、哲学専攻の学生のためのゼミで読んだことがある。その頃すでに土屋さんは、一般には哲学論文とはみなされないエッセイを集めた本を何冊も出しておられた。そちらの方をゼミに使おうかという考えも一瞬頭をよぎったのだが、やはり無難に「哲学論文集」の方を選んだわけである。

この「哲学論文集」にも、じつは随所に笑いの種が仕掛けられていた。たとえば、芸術作品であるためには何が必要なのかといった議論のなかで、形式の整っていることが芸術作品であるための十分条件ならば、確定申告書は芸術作品だと書かれていたりする。

(ただし、ゼミに出ていた学生は、確定申告をしたことなどないようにみえたから、どれだけおかしく思ったかは疑わしい。)なかでも私がたいへんおもしろく思ったのは、「自分の行先がどうしてわかるのか」という問いである。池袋に行こうとしてまちがって新宿行きの地下鉄に乗っているひとがいるとする。このひとは、自分が実際に池袋に向かっているかどうかについて絶対の確信をもっているわけではない。このひとがしょっちゅう、まちがって反対方向の電車に乗っているとすれば、なおさらである。しかし、そんなひとであってさえも、自分が池袋に向かおうとしているということ、つまり、自分の行先については、絶対の確信をもっている。なぜだろうか。これが「自分の行先がどうしてわかるのか」という問いである。

この問いには、そこはかとないおかしさが漂う。また、この論文集の別の論文のタイトルになっている問い「だれもいない森の中で木が倒れたら音が出るか」も同様に、どこかおかしい。この「おかしい」は、「変だ」とか「まともでない」といった意味の「おかしい」というよりは、「笑いを誘う」という意味の「おかしい」である。

考えてみれば、哲学の問いの多くは、こうした意味でおかしい。たとえば、数ある哲学の問いのなかでもいかにも「哲学」という感じの問い「なぜ何もないのではなく何かがあるのか」などは、その最たるものだろう。こうした問いがおかしく感じられるのはなぜなのだろうか。哲学の問いがすべて同様におかしいわけではない。たとえば、自分の行先ではなく、他人の行先がどうしてわかるのかという問いもまた、他我問題という立派な哲学の問題への入り口となりうる問いであるが、こちらは、「自分の行先が…」という問いにくらべると、そんなにおかしくは感じられない。でも、この問いを発展させて「他人がゾンビでないとどうしてわかるのか」という問いまでもっていけば、そのおかしさはかなり増す。

　つまり、哲学の問いがおかしく感じられるのは、それが極端だからではないだろうか。一般に、極端なものには笑いを誘う傾向がある。私はホラーはまったく苦手なのだが、聞くところによると、ただのホラーだと怖いだけだが、ホラーも極端なものになると、むしろ笑いを呼ぶという。これと同様、哲学でも、問いが極端であれば極端であるほど、それに最初に接するとき、ひとは一瞬とまどっても、その意味が浸透してくるにつれて笑いがこみあげてくるのだろう。

　ここで考えるべき問題はふたつある。ひとつは、哲学の問いはなぜ極端に走るのかであり、もうひとつは、極端なものはなぜ笑いを誘うのかである。後者は、たぶん、心理学の問いだが、前者は、哲学の本質に関わる、それ自体哲学の問いである。

ところが、哲学の問いのおかしさは、それが哲学の本質に関わるものであるにもかかわらず、あまり外には宣伝しないというのが、哲学のなかでの不文律であった。それにはもっともな理由がある。個人でやっているのならばともかく、大学という場で給料をもらいながら哲学をやっている以上、自分たちがやっていることは、世間的にもあまり恥ずかしくないことだと思わせておかなければ、いろいろと困るからである。「なぜ何もないのではなく何かがあるのか」という問題を三年間にわたって考えるから、研究費としてこれこれのお金をもらいたいというのでは、外聞がわるい。そこで言い方を工夫するということになる。たとえば、「なぜ何もないのではなく…」は「形而上学の根本問題」、「自分の行先がどうして…」は「自己知の問題」といった具合に、いかにもむずかしげに言い直すのである。こうすれば、研究費をもらう側としても、出す側としても、それほどうしろめたさを感じないですむ。

土屋さんの数多くのエッセイは、こうした哲学の内部でしか知られていなかった秘密を暴いて、哲学の問いのもつ本質的なおかしさを広く世に知らしめるものである。その結果が吉と出ているのか、それとも凶と出ているのかは、ちょっと怖くてあまり考えたくない。

さて、土屋さんの書かれたものの中には、もっとストレートに、哲学が実際にどうなされるかを一般の読者に知らせることを目的にして書かれたものがある。本書は、土屋さんのそうした系列の著作のなかの一冊である。

先に引き合いに出した「だれもいない森の中で木が倒れたら音が出るか」には、「アリストテレスの解決」という副題が付いていた。『猫とロボットとモーツァルト』に収められている論文の半数近くが、アリストテレスを中心とする古代ギリシア哲学に関するものであることからわかるように、土屋さんは、古代ギリシア哲学の研究者でもある。したがって、プラトン（ではないかもしれないのだが）の対話篇の一節を材料にしたゼミという本書の設定は、古代ギリシア哲学の研究者である土屋さんにふさわしいものである。

プラトンの対話篇のいくつか、とくに『パイドロス』と『饗宴《きょうえん》』は、哲学の古典であるにとどまらず、ゲイ文学の古典中の古典ともいうべきものである。それにくらべると、ここでのゼミの教材『アルキビアデスI』は、偽作《ぎさく》の疑いさえあり、知名度は低い。だが、いずれにせよ、大学に入ったばかりの女子大生を相手に、美青年を口説くソクラテスの議論を詳細に検討しようというのだから、本書の「土屋先生」は、なかなか茶目っ気がある。

哲学の問いが概しておかしいとしても、おかしい問いを出すだけでは哲学にならない。その答では駄目で、この答ならば正しいといったことを議論で示そうとするのでなければ、哲学ではない。したがって、ソクラテスの「口説き」がそれ自体で哲学であるのは、それが議論だからである。議論でひとを口説こうというのが、そもそもおかしいのだが、この議論というのが、また、ひどくおかしい。美青年アルキビアデスを愛しているのは過去から現在までを通じて自分ひとりだけだというのが、この議論の結論なのは、口説くための議論なのだから、まあ許そう。だが、その結論にもっていくためにソクラテスが最初にすることは、靴つくりの道具とその道具を使う靴つくりとは別のものだということをアルキビアデスに認めさせることである。「ソクラテスが説明するときに靴つくりとか出してきて、ダマされたような気がする」という学生1の感想は、もっともである。これに続けて「靴の例を出してきて、使うものと使われるものが違うって言われて、いきなり、では人間とはそもそも何であるのかって……突飛じゃないですか」と言うとき、彼女はたぶん怒っている。これもたいへんまともな反応だろう。

しかし、突飛で極端で常識外《はず》れで、つまり、おかしい議論であっても、それが、まちがっているという意味での「おかしな」議論であるとは限らない。哲学を長年やっていてわかることは、どんなに奇妙と思われる主張であっても、それを真面目に擁護する哲学者がいるし、どんなに救い難《がた》いと思われる議論であっても、手間と工夫さえ惜しまなければ、論理的に隙のないものにすることができるということである。したがって、学生たちからのさまざまな反論や非難にもめげず、土屋先生がソクラテスの議論を擁護しようとするのは、まったくの無謀というわけではない。また、哲学の古典を読む際の心がけに、提示されている主張や議論が最大限の説得力をもつように解釈せよというものがあるが、古典哲学の研究者である土屋先生は当然この心がけにも忠実である。

哲学の問いや議論がおかしいと思われるのは、一定の距離を保《たも》って哲学をみている限りでのことである。問いや議論を自分で引き受けてしまったら、ひとはつい、まじめに問いを考え、議論に取り組んでしまう。ときには、ひとや自分の思いつくアイデアや、考え出す例のおかしさに噴き出すこともあるかもしれないが、いつのまにかまた、そうしたアイデアや例を真剣に検討している自分に気がつくはずである。本書での土屋先生の奮闘ぶりを、おかしいとは思わず、おもしろいと思うようになったら、読者はすでに哲学の内部に入っているのである。

（日本大学教授）

単行本『もしもソクラテスに口説かれたら
——愛について・自己について』
二〇〇七年九月　岩波書店刊
文庫化にあたり、タイトル等を改めた。

目次・扉デザイン　関口信介
図版　久留米太郎兵衛
写真提供　ユニフォトプレス
DTP　ジェイ エスキューブ

文春文庫

ツチヤ教授《きようじゆ》の哲学《てつがく》ゼミ
もしもソクラテスに口説《くど》かれたら

定価はカバーに表示してあります

2011年8月10日　第1刷

著　者　土《つち》屋《や》賢《けん》二《じ》
発行者　村上和宏
発行所　株式会社 文藝春秋

東京都千代田区紀尾井町 3-23　〒102-8008
TEL 03・3265・1211
文藝春秋ホームページ　http://www.bunshun.co.jp

落丁、乱丁本は、お手数ですが小社製作部宛お送り下さい。送料小社負担でお取替致します。

印刷・凸版印刷　製本・加藤製本

Printed in Japan
ISBN978-4-16-758815-1